资助项目：
江西省哲学社会科学重点研究基地项目（24ZXSKJD58）
江西省教育厅科学技术研究青年项目（GJJ2204106）
江西省教育厅高校人文社科项目（JJ24223）
江西飞行学院高层次人才科研启动资金专项项目
江西飞行学院资助出版

新质生产力背景下促进数字企业技术创新的财税政策研究

XINZHI SHENGCHANLI BEIJINGXIA
CUJIN SHUZI QIYE JISHU CHUANGXIN DE
CAISHUI ZHENGCE YANJIU

彭瑞娟 徐建斌 著

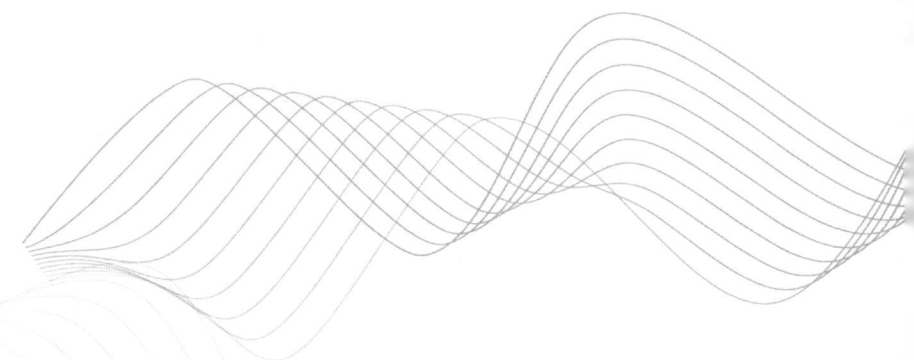

中国财经出版传媒集团
中国财政经济出版社
·北京·

图书在版编目（CIP）数据

新质生产力背景下促进数字企业技术创新的财税政策研究 / 彭瑞娟，徐建斌著. -- 北京：中国财政经济出版社，2025.3. -- ISBN 978-7-5223-3842-2

Ⅰ. F279.244.4；F812.0；F812.422

中国国家版本馆 CIP 数据核字第 20251M0G90 号

责任编辑：高文欣　　　　　　　责任校对：张　凡
封面设计：卜建辰　　　　　　　责任印制：史大鹏

新质生产力背景下促进数字企业技术创新的财税政策研究
XINZHI SHENGCHANLI BEIJINGXIA CUJIN SHUZI QIYE JISHU CHUANGXIN DE CAISHUI ZHENGCE YANJIU

中国财政经济出版社 出版

URL：http：//www.cfeph.cn

E-mail：cfeph@cfeph.cn

（版权所有　翻印必究）

社址：北京市海淀区阜成路甲 28 号　邮政编码：100142

营销中心电话：010-88191522

天猫网店：中国财政经济出版社旗舰店

网址：https://zgczjjcbs.tmall.com

涿州汇美亿浓印刷有限公司印刷　各地新华书店经销

成品尺寸：170mm×240mm　16 开　11.5 印张　188 000 字

2025 年 3 月第 1 版　2025 年 3 月河北第 1 次印刷

定价：78.00 元

ISBN 978-7-5223-3842-2

（图书出现印装问题，本社负责调换，电话：010-88190548）

本社图书质量投诉电话：010-88190744

打击盗版举报热线：010-88191661　QQ：2242791300

前 言

2024年，国务院《政府工作报告》强调，"大力推进现代化产业体系建设，加快发展新质生产力"。新质生产力代表着先进生产力的跃迁方向，加快发展新质生产力是新时期经济高质量发展的内在要求。数字经济作为一种新经济形态，集信息技术、人工智能、大数据于一体，是推动新质生产力发展的重要引擎。然而，我国数字经济仍存在大而不强、快而不优的问题，主要表现在技术创新能力不足、关键核心技术亟待突破等方面。企业是技术创新的主体，数字经济领域也不例外。与一般企业相比，数字企业技术创新具有创新频率更高、外部性更强、覆盖范围更广等诸多新特征，从而更加离不开政府的财税政策扶持。因此，在发展新质生产力背景下，研究财税政策如何影响数字企业技术创新具有重要的理论意义和现实意义。

本书以促进我国数字企业技术创新的财税政策为研究对象。首先，基于国内外文献及相关理论，分析财税政策影响数字企业技术创新的作用机制。其次，对我国数字企业技术创新现状及相关财税政策进行分析。在此基础上，构建现代计量模型，探讨政府创新补贴、税收优惠、政府创新采购与数字企业技术创新的关系。最后，总结研究结论并提出针对性的对策建议。具体内容包括如下几个方面。

第一部分是绪论。主要介绍本书的研究背景与研究意义、国内外研究现状、研究内容与研究方法、创新点及不足之处。

第二部分是财税政策影响数字企业技术创新的理论分析。首先，对数字企业、技术创新、财税政策等概念进行了界定。其次，阐述外部性理论、信息不对称理论、熊彼特增长理论等理论基础。最后，构建熊彼特增长模型，分析政府补贴、税收优惠、政府采购影响数字企业技术创新的作用机理。研究发现：第一，与一般企业相比，数字企业的研发创新呈现出创新频率更高、外部性更强、覆盖范围更广等新特征，进而引发市场失灵。科学合理的财税政策可以缓解数字企业技术创新的"市场失灵"。第二，政府补贴不仅能够直接增加数字企业的研发投入，而且能够间接增加外部投资者的投资；加速折旧等税收优惠能够降低资本使用者成本，进而激励数字企业加大研发投入；政府采购主要从需求端影响数字企业的研发投资决策。

第三部分是我国数字企业技术创新现状及相关财税政策分析。通过对我国数字企业技术创新的现状进行分析，可发现：首先，我国数字企业的技术创新水平持续提升。其次，我国数字企业技术创新呈现出明显的区域异质性特征。分南北区域情况来看，南方地区明显高于北方地区；分不同城市群来看，京津冀、长三角和珠三角明显高于长江中游和成渝城市群。再次，我国数字企业技术创新呈现出明显的行业异质性特征。创新水平由高到低排序分别为计算机通信和其他电子设备制造业、软件和信息技术服务业、互联网和相关服务、电信广播电视和卫星传输服务。最后，我国数字企业技术创新呈现出明显的企业异质性特征。分企业所有制情况来看，非国有企业高于国有企业；分不同生命周期情况来看，成长期企业的创新水平最高，成熟期企业次之，衰退期企业最低。与此同时，通过对促进数字企业技术创新的现行财税政策进行梳理，可发现：首先，在政府补贴方面，针对数字企业的政府补贴政策不断完善，补贴规模也在不断扩大，但存在着数量庞大的非创新补贴。其次，在税收优惠方面，当前政策呈现出企业所得税优惠政策占主导、研发阶段是政策实施的关键环节、集成电路企业和软件企业是政策支持的重点对象等特征，但针对数字企业的税收优惠力度不足。最后，在政府采购方面，早期的政府采购制度侧重于规范化管理，政府采购政策的创新效应也未能得到充分显现；在我国由高速增长阶段转向高质量发展阶段后，政府采购的创新激励功能受到越来越多的重视，但数字企业平均获得的政府采购规模却呈现下降的趋势。

第四部分是政府创新补贴影响数字企业技术创新的实证分析。研究发现：首先，以研发、专利、人才、创新计划等为主要内容的政府创新补贴对数字企业技术创新具有显著的激励作用，且该结论在考虑研究模型、研究方法、研究样本等因素后依然成立。其次，异质性分析表明，对于成长期、高技术行业及较低制度环境地区的数字企业而言，政府创新补贴对企业技术创新的影响更加显著。再次，拓展性分析发现，政府创新补贴与数字企业私人研发强度存在显著的倒"U"形关系。这意味着，政府创新补贴的额外激励效应存在一个最优值。数据分析显示，我国当前针对数字企业的政府创新补贴还处于倒"U"形的左侧底部。最后，动态效应分析发现，与滞后1期系数相比，滞后2期及以上的政府创新补贴系数显著下降，而且未能通过10%的显著性统计检验。这表明，政府创新补贴对数字企业技术创新的影响效应不具有动态性。

第五部分是税收优惠影响数字企业技术创新的实证分析。研究发现：首先，以低税率、加速折旧、加计扣除等为主要内容的税收优惠政策对数字企业技术创新产生了显著的激励作用。平均而言，税收优惠力度每提高1个单位，我国数字企业的研发强度将提高4.38%。其次，作用机制分析发现，税收优惠主要通过降低研发边际成本、缓解融资约束等直接机制影响数字企业技术创新，而通过向市场发送信号、增加风险投资等间接机制影响数字企业技术创新的可能性较小。最后，异质性分析结果显示，税收优惠主要对融资约束程度较高、非国有、盈利状态、未研发操纵的数字企业技术创新产生了显著的促进作用，而对融资约束程度较低、国有、亏损状态、存在研发操纵的数字企业技术创新并未产生显著影响。此外，税收优惠对软件和信息技术服务业企业技术创新的影响最大，其次是计算机通信和其他电子设备制造业企业，而对信息传输业企业技术创新的影响为负且不显著。

第六部分是政府创新采购影响数字企业技术创新的实证分析。研究发现：首先，以高端路由器、物联网、互联设备等为主要对象的政府创新采购显著激励了数字企业技术创新，且该结论在考虑双向因果、遗漏变量、更换变量度量方式、调整样本区间等内生性及稳健性检验中依然成立。其次，机制检验表明，政府创新采购不仅能够显著降低数字企业的融资约束，而且显著增加了数字企业的营业收入并提高其获取风险资本的概率。最后，异质性分析表明，对于非国有、研发前期阶段及较低制度环境地区的数字企业而言，政府创新采购对企业技术创新的激励作用更加显著、效应更大。

第七部分是研究结论及政策建议。基于研究结论，对促进数字企业技术创新的财税政策提出优化建议。在政府创新补贴方面：一是要加大对数字企业研发创新的财政补贴力度；二是要提高政府创新补贴资源的效率；三是要强化创新补贴政策与金融政策的互动协调。在税收优惠方面：一是要加大对数字企业技术创新的税收优惠力度；二是要完善针对软件和信息技术服务业的企业所得税优惠政策；三是要扩大企业所得税优惠税率覆盖范围；四是要提高税收优惠政策的精准度；五是要加强对数字企业研发投入的税务监管。在政府创新采购方面：一是要坚持创新型采购理念并健全政策落实机制；二是要稳步扩大针对数字企业的政府创新采购规模；三是要强化政府创新采购政策的精准性；四是要提升供给侧与需求侧政策工具的协同性。

本书的创新之处主要体现在以下三个方面。

第一，研究视角的创新。本书不仅从微观层面拓展了数字经济相关研究，也为财税政策的创新效应研究开辟了新视角。既有文献主要集中于宏观层面的数字经济及传统企业的技术创新研究，针对微观层面的数字企业技术创新研究却较为有限。基于此，本书在科学地界定数字企业范围的基础上，充分考察数字企业创新活动的独特性，从微观层面深入分析财税政策对数字企业技术创新的影响，研究视角独特。

第二，研究内容的创新。（1）拓展了"供给侧的政府创新补贴政策与数字企业技术创新"这一研究主题。既有文献大多以政府补贴总额作为研究对象，未严格区分政府创新补贴与政府一般性补贴，混杂了非创新补贴的影响效应。基于此，本书通过手工收集和关键词筛选方法获取政府创新补贴数据，剔除非创新补贴对研究结果的干扰，不仅分析政府创新补贴对数字企业技术创新的影响效应及异质效应，而且进一步探讨政府创新补贴的额外激励效应和动态效应，拓展了该主题的研究。（2）丰富了"供给侧的税收优惠政策与数字企业技术创新"这一研究主题。现有关于税收优惠与数字企业技术创新的文献较为匮乏且不够系统。基于此，本书不仅研究了税收优惠对数字企业技术创新的影响及作用机制，还从融资约束程度、企业性质、盈利状况、研发操纵、行业属性等不同维度，系统分析税收优惠对数字企业技术创新的异质效应，丰富了该主题的研究。（3）补充了"需求侧的政府创新采购政策与数字企业技术创新"这一研究主题。关于政府采购与企业技术创新的相关文献较为丰富，但严格区分政府创新采购与政府常规采购的文献尚不多见，且缺乏针对数字企业的专门研究。基于此，本书基于政府采购合同数据，采用Python和文本分析法，从总体的政府采购中识别出政府创新采购，创造性地探究政府创新采购对数字企业技术创新的影响，补充了该主题的研究。

第三，研究方法的创新。本书综合采用固定效应模型、Tobit模型、Probit

模型等，实证分析财税政策对数字企业技术创新的影响。与此同时，本书分别采用工具变量法、交叉固定效应、Heckman两步法等方法以最大限度缓解内生性问题，从而保证了研究结论的可靠性。此外，本书还采用Python爬虫技术获取政府采购合同数据，进一步丰富了财税领域的研究方法。

目录

1 绪论 ··· 1
   1.1 研究背景与研究意义 ·· 1
   1.2 国内外研究现状 ·· 5
   1.3 研究内容与研究方法 ··· 28
   1.4 创新点及不足之处 ··· 32

2 财税政策影响数字企业技术创新的理论分析 ················· 34
   2.1 相关概念界定 ·· 34
   2.2 相关理论基础 ·· 37
   2.3 财税政策影响数字企业技术创新的数理分析 ················ 42

3 我国数字企业技术创新现状及相关财税政策分析 ·········· 49
   3.1 我国数字企业技术创新现状 ····································· 49
   3.2 促进我国数字企业技术创新的现行财税政策 ··············· 66

4 政府创新补贴影响数字企业技术创新的实证分析 ·········· 79
   4.1 研究假说的提出 ·· 79
   4.2 研究设计 ·· 83
   4.3 实证结果与分析 ·· 87
   4.4 拓展性分析:额外激励效应与动态效应 ······················· 94
   4.5 本章小结 ·· 97

5 税收优惠影响数字企业技术创新的实证分析 ·················· 99
- 5.1 研究假说的提出 ····················· 99
- 5.2 研究设计 ····················· 105
- 5.3 实证结果与分析 ····················· 108
- 5.4 本章小结 ····················· 117

6 政府创新采购影响数字企业技术创新的实证分析 ·················· 118
- 6.1 研究假说的提出 ····················· 118
- 6.2 研究设计 ····················· 124
- 6.3 实证结果与分析 ····················· 128
- 6.4 本章小结 ····················· 137

7 研究结论及政策建议 ····················· 138
- 7.1 研究结论 ····················· 138
- 7.2 政策建议 ····················· 140

参考文献 ····················· 146

1 绪 论

1.1 研究背景与研究意义

1.1.1 研究背景

1. 数字经济成为推动新质生产力发展的重要引擎

2023年9月，习近平总书记在黑龙江考察时提出，"要整合科技创新资源，引领发展战略性新兴产业和未来产业，加快形成新质生产力"。2023年12月，习近平总书记在中央经济工作会议上指出，"要以科技创新推动产业创新，特别是以颠覆性技术和前沿技术催生新产业、新模式、新动能，发展新质生产力"。2024年1月31日，习近平总书记在中共中央政治局第十一次集体学习时强调，"加快发展新质生产力，扎实推进高质量发展"。2024年，国务院《政府工作报告》进一步强调，"大力推进现代化产业体系建设，加快发展新质生产力"。新质生产力代表着先进生产力的跃迁方向，加快发展新质生产力是新发展阶段经济高质量发展的内在要求和重要着力点。

数字经济是以数据资源为关键要素，以现代信息网络为主要载体，以信息通信技术融合应用、全要素数字化转型为重要推动力，促进公平与效率更加统一的新经济形态。数字经济集信息技术、人工智能、大数据于一体，其核心特征与新质生产力高度契合，因而是推动新质生产力发展的重要引擎。近年来，发展数字经济成为把握新一轮科技革命和产业变革新机遇的战略选择，受到党中央、国务院的高度重视。2017年"数字经济"首次出现在国务院《政府工作报告》中。2019～2024年，国务院《政府工作报告》相继提出"壮大数字经济""打造数字经济新优势""加快数字化发展，建设数字中国""促进数字经济发展""大力发展数字经济""深入推进数字经济创新发展"。"数字经济"已连续六年在国务院《政府工作报告》中被提及。2021年,《"十四五"数字经济发展规划》进一步明确了"十四五"时期推动数字经济健康发展的指导思想、基本原则、发展目标、重点任务和保障措施。党的二十大报告也明确提出,"加快发展数字经济,促进数字经济和实体经济深度融合,打造具有国际竞争力的数字产业集群"。在党中央的高度重视下,我国数字经济发展迅速,规模持续扩大,已成为国家综合实力的重要体现。2022年,我国数字经济规模达到50.2万亿元,总量稳居世界第二,同比名义增长10.3%,已连续11年显著高于同期GDP名义增速,数字经济占GDP比重达到41.5%,相当于第二产业占国民经济的比重①。

2. 推动数字企业技术创新成为实现数字经济高质量发展的战略选择

党中央、国务院历来高度重视科技创新,并将创新摆在国家发展全局的核心位置。中共中央、国务院先后于1995年、2006年、2012年提出"科教兴国战略""自主创新战略""创新驱动发展战略"。2016年5月,为进一步加快实施创新驱动发展战略,中共中央、国务院印发了《国家创新驱动发展战略纲要》。党的十九大报告提出将创新作为我国社会主义现代化经济体系的战略支撑。2021年,《中华人民共和国国民经济和社会发展第十四个五年规划和2035年远景目标纲要》(以下简称"十四五"规划)指出,"坚持创新驱动发展,全面塑造发展新优势"。党的二十大报告指出,"必须坚持科技是第一生产力、人才是第一资源、创新是第一动力,深入实施科教兴国战略、人才强国战略、创新驱动发展战略,开辟发展新领域新赛道,不断塑造发展新动能新优势"。2024年,国务院《政府工作报告》明确指出,"深入实施科教兴国战略,强化高质量发展的基础支撑"。在创新驱动与数字经济叠加的背景下,推动我国数字经济创新发展是实现经济发展模式由要素驱动和投资驱动向创新驱动转变的必然要求,也是提升数字经济竞争力、不断做强做优做大我国数字经济的战略选择。

数字企业作为数字经济发展的微观基础,是技术创新的关键主体。近年来,我国数字企业创新能力持续增强。2022年,我国市值排名前100的互联

---

① 中国信通院. 中国数字经济发展研究报告(2023)[R]. 2023.

网企业总研发投入达3384亿元，同比增长9.1%。研发投入前1000家民营企业中，计算机通信和其他电子设备制造业，以及互联网和相关服务业平均研发强度分别为7.33%和6.82%，位居行业排名前两位①。然而，我国数字企业技术创新仍面临着"关键领域创新能力不足，产业链供应链受制于人的局面尚未根本改变"等突出问题与挑战。正如习近平总书记所指出的，同世界数字经济大国、强国相比，我国数字经济大而不强、快而不优②。由此可见，促进数字企业创新发展，不断做强做优做大数字经济是我国实现数字经济高质量发展的战略选择。

3. 促进数字企业技术创新需要更好地发挥政府作用

与一般企业相比，数字企业的技术创新活动呈现出以下新特征：一是创新频率更高。数字技术使创新主体之间的知识分享和合作更高效。与此同时，多样化的创新主体主动适应数字化技术以提供新产品和新服务，使得数字创新产品和服务具有快速迭代的特征，技术创新的频率明显更高③。二是外部性更强。数字技术或新一代信息技术是典型的通用目的技术。因此，数字企业技术创新不仅能够带动数字经济产业发展，而且会通过外溢效应推动整体产业结构升级，最终促进社会整体生产效率的提高，实现高质量增长。三是覆盖范围更广。作为一种新的经济形态，以数字技术为核心驱动力的数字经济创新能够形成新产业、新业态、新模式，并赋能传统产业转型升级，进而推动整个经济的数字化转型与高质量发展。④ 因此，政府对于创新频率高、外部性强、覆盖范围广的数字企业技术创新进行政策支持不仅具有合意性，而且十分必要。

综上所述，数字经济成为推动新质生产力发展的重要引擎，推动数字企业技术创新成为实现数字经济高质量发展的战略选择，且政府在促进数字企业技术创新中发挥着重要作用。近年来，为激励数字企业技术创新，我国政府出台了政府补贴、税收优惠、政府采购等一系列政策措施。那么，政府所采取的财税政策是否促进了数字企业技术创新？财税政策如何影响数字企业技术创新？

---

① 国家互联网信息办公室. 数字中国发展报告（2022年）[R]. 2023.
② 习近平. 不断做强做优做大我国数字经济 [J]. 求是，2022（2）：4-8.
③ 陈晓红，李杨扬，宋丽洁等. 数字经济理论体系与研究展望 [J]. 管理世界，2022（2）：208-224+13.
④ 李晓华. 数字经济新特征与数字经济新动能的形成机制 [J]. 改革，2019（11）：40-51.

财税政策该如何进一步优化？这些都是值得深入研究的重要问题。

1.1.2 研究意义

1. 理论意义

第一，丰富了数字经济的相关理论研究。数字经济是当前学术界的研究热点，但目前针对数字经济的相关研究侧重于从宏观层面探讨数字经济的内涵、数字经济的测算、数字经济的经济效应等，而微观层面的相关研究较少，探讨数字企业技术创新的研究就更显不足。本书在科学界定数字企业范围的基础上，分析财税政策对数字企业技术创新的影响，在理论上丰富了数字经济的相关研究。

第二，拓展了企业技术创新的研究内容。企业技术创新一直是国内外学者的研究焦点，但学者们大多基于传统企业展开研究，而针对数字企业的研究较为有限。数字企业作为数字经济领域的微观主体，其创新发展对促进我国数字经济高质量发展具有重要意义。本书以数字企业为研究对象，探讨财税政策对数字企业技术创新的影响，拓展了企业技术创新的研究内容。

第三，补充了财税政策创新效应的相关理论研究。如何促进数字经济高质量发展，是当前学术界研究的热点问题。本书以外部性理论、信息不对称理论、熊彼特增长理论等理论为基础，紧扣数字企业技术创新的鲜明特征，理论分析财税政策对数字企业技术创新的影响，进而搭建财税政策影响数字企业技术创新的理论框架，并从基准分析、作用机制等多方面检验财税政策对数字企业技术创新的影响，从理论上补充了财税政策创新效应的相关研究。

2. 现实意义

第一，有利于推进数字经济高质量发展，进而为发展新质生产力提供有益借鉴。党的二十大报告明确指出，"要加快发展数字经济，促进数字经济和实体经济深度融合，打造具有国际竞争力的数字产业集群"。大力发展数字经济不仅成为推进中国式现代化的重要驱动力量，也是当前发展新质生产力的重要引擎。本书从微观层面入手，探讨财税政策对数字企业技术创新的影响及政策优化路径，这不仅有利于做强、做优、做大我国数字经济，推进数字经济高质量发展，而且能够为发展新质生产力提供有益借鉴。

第二，有助于提升数字企业的技术创新水平，进而推动创新驱动发展战略的实施及创新型国家的建设。企业是技术创新的主体，实现创新驱动发展的关键在于激发企业的创新活力与潜力。然而，作为一种全新的经济形态，我国数字经济在关键领域和"卡脖子"技术环节的创新能力较为薄弱。本书以促进数字企业技术创新的财税政策为研究主线，全面把握财税政策对微观主体的影响，并提出有针对性的政策建议，这不仅有利于提升数字企业技术创新水平，而且对实现创新驱动发展战略及建设创新型国家具有较强的现实意义。

第三，有益于"有为"政府精准施策，为优化与完善财税政策提供理论与经验证据。本书在一个理论框架内阐述财税政策影响数字企业技术创新的作用机制，并进行相应的实证检验，从而打开财税政策影响数字企业技术创新的机制黑箱，为"有为"政府精准施策，进一步优化与完善财税政策提供经验证据与决策参考。

1.2　国内外研究现状

1.2.1　国外研究现状

1. 数字经济的相关研究

（1）数字经济的内涵

"数字经济"这一概念最早由唐·泰普斯科特在1995年出版的《数字经济：网络智能时代的希望和危险》一书中提出。此后，国外学者和机构从多个角度对数字经济的内涵进行界定，主要包括以下三种：一是从行业范围角度界定数字经济。早期研究将数字经济界定为电子商务。例如，Mesenbourg（2001）强调数字经济的概念类似于电子商务，包括电子商务基础设施、电子商务流程和电子商务三部分。另有部分学者将数字经济界定为IT行业与电子商务。例如，Moulton（1999）认为数字经济是包括信息技术和电子商务在内的经济活动。二是从产出角度界定数字经济。Knickrehm等（2016）认为各类数字化投入，具体包括数字技能、数字设备以及用于生产环节的数字化中间品和服务，带来的全部经济产出即为数字经济和服务。三是从技术驱动角度界定数字经济。例如，OECD（2014）指出数字经济是以区块链、人工智能、大数据等数字技术为驱动，促使经济社会发生持续数字化变革的生态系统。

（2）数字经济的测度

随着数字经济的深入发展，学术界和政府部门开始研究如何测算数字经济的发展水平，测度方法一般分两类：一是直接法，即在界定数字经济内涵与统计范围的基础上，测度数字经济对应的增加值规模（DEBA，2018；Watanabe 等，2018）。例如，新西兰统计局（2017）基于 OECD 数字经济概念，发现 2007～2015 年新西兰数字订购产品占国民经济总产出的 20%。美国商务部经济分析局（2018）在界定数字经济范围的基础上，采用供给使用表对美国数字经济增加值和总产出规模进行了测度。二是对比法，即从多维度选取量化指标，构建数字经济发展指标体系，进行权重分配后，衡量和对比不同国家和地区间数字经济发展水平。例如，Chinn 和 Fairlie（2007）在构建收入、管制、基础设施指标体系的基础上，对 1990～2001 年各主要国家的数字经济发展状况进行衡量。欧盟统计局基于宽带接入情况、互联网应用等方面构建数字经济和社会指数评价体系（DESI），以此反映欧盟数字经济发展水平（Eurostat，2017）。

（3）数字经济的经济效应

数字技术的广泛应用及数字经济快速发展对经济领域产生了深刻的影响，既有文献探讨了数字经济对经济发展、产业结构、就业等方面的影响。在经济发展方面，Honohan（2004）发现数字经济可以显著促进国家经济发展；Tranos 等（2020）认为数字经济可以通过增加新型投入要素、提高资源配置效率和全要素生产率等路径驱动经济高质量发展。在产业结构方面，Gaputo 等（2016）发现数字经济的物联网技术在制造业中被使用的关键在于能够优化产业结构；Goldfarb 和 Tucker（2019）指出数字经济能够显著降低生产成本，从而提高传统产业生产效率；Ps Heo 和 Dh Lee（2019）研究发现，信息通信技术与产业存在联动效应和扩散效应，从而推动制造业向高新技术产业转型升级；Laudien 和 Pesch（2019）认为数字技术可以加快传统企业中生产要素的改造，提高生产要素配置效率，进而促进产业结构升级。在就业方面，Avom 等（2021）评估了西非货币联盟附加采用信息和通信技术对就业的影响效应，发现每增加 1% 的信息通信技术应用，就会减少 0.03% 的中低技能工作岗位，同时创造0.05%的高技能工作岗位,因此总体上促进了就业;Mirella等(2023)考察了六个欧洲国家的机器人使用对灵活合同的影响,发现机器人的使用降低了高技能工人获得临时合同的概率,而对中低技能工人的影响不显著,因此总体上减少了就业。

2. 企业技术创新的影响因素研究

作为市场中的技术创新主体,企业的创新活动受到一系列因素的影响。国外学者们分别从宏观层面、中观层面及微观层面对此进行了深入的探讨。

(1) 影响企业技术创新的宏观因素

从宏观层面来看,政府补贴政策、税收政策、知识产权保护等都会对企业技术创新产生影响。David等(2000)研究发现,研发补贴通过降低创新成本和提高企业创新活动的预期收益这两条机制促进企业技术创新。Liu等(2011)研究发现,税收优惠政策可通过降低投资风险机制和提高投资收益的利益机制进而激励企业增加研发投入。关于知识产权保护对企业技术创新的影响,既有研究并未形成一致的观点。一类观点认为,在缺乏知识产权保护的情况下,创新者不会将资源投入创新活动中,因为很容易被市场中的竞争对手模仿,导致创新利润减少,从而支持了加强知识产权保护有利于企业创新的观点(Greenhalgh和Rogers,2007;Bessen和Maskin,2009)。例如,Hu和Jefferson(2009)研究发现,中国第二次专利法的修订使得企业专利申请数量显著增加。另一类观点认为,过度的知识产权保护会成为发达国家技术垄断的利益诉求,不利于技术扩散和技术溢出,从而否定了知识产权保护有利于企业创新的观点(Lee和Kamal,2011)。例如,Sakakibara和Branstetter(2001)基于日本专利法改革事件,发现专利法改革并未显著增加企业的创新投入与创新产出。

(2) 影响企业技术创新的中观因素

从中观层面来看,企业技术创新受到市场竞争、融资约束等因素的影响。市场竞争与企业技术创新的关系一直是产业组织领域备受争议的话题。Chumpeter(1942)对市场竞争与企业创新这一问题做了开创性的研究,提出了著名的"熊彼特假说",即市场竞争削弱了企业市场势力,不利于技术创新。部分学者的实证研究结果支持了"熊彼特假说"(Cette等,2017;Autor等,2020;Iwata,2020)。例如,Cette等(2017)基于OECD国家企业数据,发现限制竞争显著提高了企业技术创新水平；Autor 等（2020）研究结果显示，来自中国的进口竞争显著降低了美国制造业企业的专利申请量。另有部分学者质疑"熊彼特假说"，他们认为竞争有利于企业技术创新（Kukuk 和 Stadler，2005）。例如，Kukuk 和 Stadler（2005）以德国工业企业为研究对象，发现市场竞争程度越高，企业技术创新水平也越高。此外，还有部分学者认为市场竞争与企业技术创新之间并非简单的线性关系，而是"U"形或倒"U"形的非线性关系（Boone，2001；Aghion 等，2005）。

创新活动由于具有投资规模大、投资收益周期长、产出不确定性等特征，往往会面临着严重的融资约束问题。学者们较为一致地认为，企业面临的融资约束问题会抑制企业技术创新（Brown 等，2009；Czarnitzki 等，2011）。但是，部分学者认为企业面临的融资约束问题会使得企业决策者更加谨慎地选择高价值的投资活动，从而降低投资风险，提高创新效率（Hovakimian，2011）。此外，由于创新资金来源不同，企业受到的融资约束对创新活动的影响可能也存在一定的差异性。例如，Hall（2002）认为企业获取外源融资的能力对企业创新决策更重要。Benfratello 等（2008）指出银行信贷融资能够为企业创新活动提供资金支持，缓解融资约束压力，从而激发企业增加创新投入。Brown 等（2009）以美国的高技术企业为研究对象，发现大企业的研发投入主要依靠企业内部资金，而缺乏内部资金的中小科技企业主要依靠发达的股票市场进行研发融资。

（3）影响企业技术创新的微观因素

从微观层面来看，国外学者们从企业是否上市、企业年龄、企业规模、企业治理等因素出发，探讨微观因素对企业技术创新的影响。在企业是否上市方面，Bernstein（2015）发现非上市企业在上市后，企业创新水平显著下降。在企业年龄方面，Hansen（1992）发现，企业成立年限与企业创新水平呈正相关关系；而 Huergo 和 Jaumandreu（2004）却得出相反的结论。在企业规模方面，学者们的研究结论不一。部分学者认为，规模较大的企业具有资源优势、规模经济优势以及在市场上拥有较强的支配能力等优势，从而支持了企业规模与企业技术创新水平呈正相关关系（Levin 等，1985；Porter 和 Wayland，1992；Chen 和 Puttitanun，2005）。另有部分学者却认为，规模较大的企业存在组织结构僵硬等问题，因此赞成企业规模与企业技术创新存在负相关关系

（Kamien 和 Schwartz，1978；Rothwell，1994）。此外，还有部分学者认为企业规模与企业技术创新水平之间存在非线性关系（Scherer，1965；Pavitt，1987）。

部分学者基于企业治理因素，探讨股权集中度、高管异质性以及高管激励差异对企业技术创新的影响。首先，部分学者对股权集中度与企业技术创新关系展开了一系列的理论与实证研究，但研究结论存在分歧。例如，Holderness 和 Sheehan（1988）基于代理理论，认为股权集中度越高的企业，其技术创新水平也越高；Hill 和 Snell（1989）通过实证分析证实了股权集中度与企业研发投入存在正相关关系，这些学者的研究结论肯定了股权集中度对企业技术创新的积极作用。然而，Graves（1988）基于短视机构理论，认为高股权集中度会给经理造成压力，不利于企业技术创新。Lee 和 O'Neill（2003）基于管家理论，认为股权集中度对企业技术创新无影响。其次，关于高管异质性与企业技术创新的相关研究主要分为三类：一是基于经济理性人假设，部分学者指出高管为了自身利益最大化而不愿进行研发活动（Cheng，2004）；二是基于高层梯队理论，考察人口统计特征对企业创新的影响，认为高管的年龄、学历、专业背景、任期、职业经历等背景特征会影响企业创新行为（Barker 和 Mueller，2002；Antia 等，2010；Lin 等，2011；Benmelech 和 Frydman，2015）；三是基于行业金融理论，认为高管的非理性因素特征会对企业技术创新产生影响（Hirshleifer 等，2012；Cucculelli 和 Ermini，2013）。最后，在高管激励方面，Black 和 Scholes（1973）研究发现，基于短期业绩的薪酬激励会抑制高管增加创新投入的意愿。Rajagopalan（1997）基于代理理论指出，作为长期激励方式的股权激励可以促使管理者开展创新活动。

3. 财税政策与企业技术创新的相关研究

国外学者们对影响企业技术创新的主要政策工具及其作用机制、政策效果等内容展开了丰富的理论与实证研究。归纳起来，影响企业技术创新的财税政策主要包括供给侧的政府补贴与税收优惠政策及需求侧的政府采购政策（Guerzoni 和 Raiteri，2015），并在此基础上形成"供给推动机制"与"需求拉动机制"等相关理论。

（1）政府补贴与企业技术创新

关于政府补贴与企业技术创新关系，国外学者对此展开了较为丰富的研究。早期文献探讨了政府补贴影响企业技术创新的理论机制。此外，为了验证政府补贴对企业技术创新的影响，国外学者们基于研发投入与研发产出视角，利用不同研究方法对不同国家的企业样本展开实证研究。

既有文献从不同角度探讨了政府补贴影响企业技术创新的作用机制，但远未达成共识。一部分学者认为政府补贴可通过资源获取效应、信号传递效应、降低风险预期、溢出效应等机制促进企业技术创新，从而肯定了政府补贴的创新激励效应。一是资源获取效应。政府补贴通过直接补充企业创新资源，解决企业创新积极性不高和创新活动外部性强等问题，激励其开展技术创新（Tether，2002）。二是信号传递效应。政府补贴可作为一种利好投资的信号传递给私人投资者，帮助企业贴上被政府认可的标签，进而帮助企业降低融资成本和获得其他创新资源（Lach，2002；Feldman 和 Kelley，2006；Kleer，2010）。三是降低风险预期。政府补贴通过直接降低企业技术创新的边际成本和不确定性，进而激励企业增加研发投入（Almus 和 Czarnitzki，2003；González 和 Pazó，2008）。四是溢出效应。企业因研发活动获得的政府创新补贴不仅可以通过知识溢出效应提高其他未获补贴项目的创新成功概率（Boeing，2016），而且能够直接降低其他创新活动的固定成本。

另一部分学者认为政府补贴可通过资源属性、寻租效应、逆向选择风险等机制抑制企业技术创新，从而否定了政府补贴的创新激励效应。一是资源属性。政府补贴可能导致企业过于依赖政府，挤出企业自身的研发费用，导致交易成本上升，对企业创新投入发挥替代作用（Bozeman，2000；Lach，2002）。二是寻租效应。政府补贴可能成为企业争相进行寻租的资源。为了获得政府补贴资源，企业会积极地与当地政府官员建立寻租关系，在此过程中将产生寻租成本，这类非生产性支出的增加会对企业研发活动产生挤出效应，最终抑制企业技术创新。此外，当企业通过寻租方式获得高额的政府补贴时，会给企业带来超额利润，进一步弱化了企业通过技术创新来提高生产效率、获取高额利润的动机（Görg 和 Strobl，2007）。三是逆向选择风险。与资本市场的机构投资者相比，政府在信息甄别上处于天然弱势（Foray，2012）。由于存在信息不对称，政府为了提高财政资金的使用效率，往往将补贴投向于风险较小、市场较为成熟的创新项目，而规避那些风险较大、颠覆性及短期收益率低但长期收益率高的创新项目，事实上政府补贴对前者创新项目的作用不大，而对后者创新项目的作用更为显著（Boeing，2016）。

政府补贴究竟是促进了企业技术创新？还是抑制了企业技术创新？为回答此问题需要展开实证分析。部分学者基于研发投入视角对此展开细致的实证研究。Czarnitzki 等（2011）基于加拿大企业数据，发现政府补贴通过给企业带来更多现金流量进而促进企业研发投入。Sung（2019）基于韩国可再生能源技术行业的面板数据，构建面板向量自回归模型，发现研发补贴与研发投入之间存在正向的双向因果关系。这些学者的研究发现支持了政府补贴对企业创新投入的促进效应。然而，与上述学者研究结论不同，另有部分学者指出政府补贴对企业创新投入存在抑制效应。例如，Wallsten（2000）基于美国企业数据发现，当企业获得的政府补贴每增加1美元，其研发支出会减少1美元，即政府补贴显著抑制了企业研发支出。Jun-Byoung 和 Wonchang（2008）基于韩国企业数据指出，政府补贴会促使企业做出更多的创新努力，然而，一旦企业对政府补贴的财政依赖性增加，政府补贴对企业研发活动产生挤出效应的概率也会增加。Bronzini 和 Iachini（2014）利用意大利研发补贴项目数据，采用断点回归方法，发现研发补贴并未显著增加企业的额外研发投入。

另有部分学者基于创新产出视角，实证研究政府补贴对企业技术创新的影响。Choi 和 Kim（2016）以 2010~2012 年获得政府研发补贴的韩国企业为样本，研究结果显示，过多的政府研发补贴不利于企业自身的研发努力和创新能力。Santos（2019）以葡萄牙企业为研究样本，并利用反事实分析方法，指出研发补贴并未提高企业的创新绩效。Afcha 和 Lucena（2021）基于西班牙制造业企业的面板数据，发现研发补贴主要通过促使改变企业研发能力和对技术市场的开放程度，进而促进企业创新。Mulier 和 Samarin（2021）基于"地平线2020"政策，评估了泛欧创新资助计划对企业创新产出的影响，发现获得补贴的企业能够产生更多的内部融资，并在获得补贴后吸引更多的长期借款，进而激励企业增加创新产出。Yaghi 和 Tomaszewski（2023）将波兰制造企业调查数据和政府补贴数据合并，分析研发补贴对波兰制造企业创新产出的影响，结果显示，研发补贴对企业申请专利存在显著的积极作用。Varaku 和 Sickles（2023）基于欧洲 CIS 调查数据，并利用机器学习方法探究政府补贴对企业产出的影响，发现政府补贴显著增加了企业研发产出。

(2) 税收优惠与企业技术创新

作为供给侧的另一种重要政策，税收优惠政策的创新效应也备受学者们的关注。国外学者探讨了税收优惠影响企业技术创新的作用机制，并采用不同的研究方法进行实证研究。

与政府补贴政策相比，税收优惠政策最大的优势在于其"中性"的特征（Kobayashi，2014）。具体而言，在激励企业进行R&D投入时，企业能否享受税收优惠政策与其所在产业、企业规模和创新类型无关。在整个过程中，政府并未直接进行干预，因而它是一种市场友好型的政策（Czarnitzki等，2011）。因此，与直接的政府补贴相比，税收优惠政策能够降低行政负担和"挑选输家"或"挑选赢家"的风险（Dechezleprêtre等，2016）。作为一种市场型激励手段，税收优惠政策可以弥补企业创新过程中的"市场失灵"问题。同时，税负的下降可以降低R&D的边际成本，改善企业的融资约束（Kasahara等，2014），从而对企业R&D投入产生重要影响，进而促进企业创新。

在理论分析的基础上，国外学者们围绕税收优惠对企业研发投入的影响效应展开了实证分析。多数学者肯定了税收优惠对企业研发投入的积极作用，同时指出该激励效应存在异质性特征。例如，Dechezleprêtre等（2016）利用2008年英国税收抵免政策为准自然实验，发现该政策显著促进了私人研发投资。Guceri和Liu（2019）同样基于英国税收抵免政策，并采用双重差分法，发现研发支出的税收弹性在年轻企业中为3.4~3.6，远高于平均水平。Mitchell等（2020）利用欧盟新成立的创新型企业数据，发现研发税收激励对企业研发强度产生了显著的正向影响。Ghazinoory和Hashemi（2021）以伊朗高科技企业为研究对象，结果表明，税收优惠对企业研发投入有显著正向影响，尤其是对中小企业更为明显。Colombo和Cruz（2023）基于巴西13706家公司的调查数据，发现政府制定的税收激励政策显著地提高了企业研发投入。

与政府补贴的创新绩效研究类似，在研究税收优惠的创新绩效时，部分学者也主张从创新产出视角研究税收优惠的政策效果。原因在于，研发投入不是创新产出的唯一决定因素，例如，高技能工人的可获得性也是影响企业技术创新产出的一个重要因素（Cappelen等，2012）。与基于创新投入视角的研究类似，基于创新产出视角的研究大多也肯定了税收优惠政策对企业技术创新的积极作用。例如，Kao（2018）基于手工收集的1997~2007年美国企业研发税抵免金额或比率来识别实际研发税收减免使用者，并采用 CRIE 专利数据库中的专利等级衡量创新质量，发现研发税收抵免有助于提高企业创新质量。Atanassov 和 Liu（2020）基于美国高科技上市公司数据，以专利数量衡量创新数量和以专利引用次数衡量创新质量，采用双重差分法评估减税对创新数量和创新质量的影响，发现企业所得税下降显著促进了企业创新。Bunel 和 Hadjibeyli（2021）基于 2013 年推出的法国创新税收抵免政策，采用倾向得分匹配和双重差分法，发现受益于该政策的公司生产的创新产品数量显著增加。然而，也有部分学者否定了税收优惠的创新激励效应。例如，Clemente（2021）基于委托代理模型，评估巴西所得税减免政策对企业创新的影响，研究发现，在获得税收优惠政策的公司中，只有 24% 的公司申请了产品或工艺创新，即所得税减免政策对企业创新的有效激励不足。Gaessler 等（2021）利用欧洲专利局的相关数据，研究发现，实施"专利盒"税收优惠制度的国家并未显著增加企业的研发和专利产出。Akcigit 等（2021）通过区分基础研究与应用研究的溢出性差异，认为研发税收抵免等常规创新政策会过度资助应用研究，进而加剧动态经济中的资源错配问题，因此对企业创新产出并无显著效果。

（3）政府采购与企业技术创新

由于"市场失灵"和"制度失灵"，研发与创新政策一直是一国产业政策不可或缺的组成部分。从当前来看，促进创新的主要政策工具是供给侧工具，如研发补贴、税收优惠、知识产权保护和支持协同创新活动（Edler 等，2012；Edquist 等，2015）。然而，诸多学者和政策制定者质疑供给侧创新政策，他们的研究证实了供给侧创新政策存在局限性，如研发补贴的挤出效应（Bong 等，2020）。部分学者认为需求侧创新政策在促进创新方面更加有效（Geroski，1990；Aschhoff 和 Sofka，2009；Guerzoni 和 Raiteri，2015）。因此，政策制定者和学者们开始探索需求侧政策的创新潜力，特别是政府采购。这一政策措施已经成为各国创新政策的核心内容（Obwegeser 和 Müller，2018）。

政府采购可通过直接需求拉动和间接需求拉动等机制影响企业技术创新。第一，直接需求拉动机制。企业的创新活动往往面临着各种各样的不确定性，如市场和研发的不确定性，这会抑制企业从事创新活动的意愿。政府采购作为创新产品的"主要客户"或"主要市场"（Edquist 等，2015），可通过保证潜在需求来降低市场和研发的不确定性，从而诱导企业加大对研发的投资。例如，Edquist 和 Zabala - Iturriagagoitia（2012）发现，如果政府在创新活动商业化之前保证采购，这将有助于供应商增加研发投资，从而更快更成功地开发新产品。此外，作为主要消费群体，政府扮演着新产品学习和改造成本的"领先客户"角色，"领先客户"的大量需求有助于生产商在初期获得规模经济和学习效应（Albano 和 Nicholas，2016），进而提升企业开展创新活动的市场激励。因此，政府采购政策可以在研发、产品创新等方面对潜在供应商产生直接的需求拉动影响。第二，间接需求拉动机制。除直接需求拉动机制外，政府采购还可以通过信号传递对个人消费者产生间接的需求拉动影响。个人消费者的购买行为大多是基于自身的习惯、偏好或日常消费模式，对创新产品往往存在抵触情绪。在这种情况下，政府采购作为创新解决方案、产品或服务的"主要客户"（Edquist 等，2015），通过使用某一特定的创新产品，能够向私人市场发出积极信号并提高其知名度（Aschhoff 和 Sofka，2009）。当个人消费者注意到某些产品是由政府采购时，他们有理由相信这些产品是由政府担保的，并倾向于将购买选择转变为更具创新性的产品（即采购产品），最终刺激个人消费者的市场需求。

随着需求侧创新政策越来越受到重视，政府采购的创新绩效研究也日益丰富起来，以往相关文献以案例的定性研究为主（Aschhoff 和 Sofka，2009；Zabala - Iturriagagoitia，2022）。例如，Aschhoff 和 Sofka（2009）以德国 1100 家公司为样本，指出政府采购有助于企业技术创新。Zabala - Iturriagagoitia（2022）定性分析加利西亚（西班牙）卫生领域和无人驾驶飞行器领域公共采购政策对区域的经济影响，发现以创新为导向的公共采购有潜力制定当地的优先事项和战略，同时也能在供需方面创造必要的能力，进而推动创新转型。然而，由于案例研究的样本缺乏代表性，其研究结论往往不具有说服力（Uyarra 和 Flanagan，2010）。因此，部分学者采用现代计量方法，实证分析政府采购的创新效应。例如，Raiteri（2018）基于准自然实验，发现政府采购对专利的通用性产生了积极影响，并指出采购可能是创造通用技术最重要的因素之一。Radicic（2019）利用欧洲晴雨表组织 2014 年的调查数据，利用 Logit 模型考察双侧创新政策对企业创新的影响，研究发现，与供给侧创新政策相比较，需求侧的公共采购对制造业和服务业的产品创新效应明显更大。

与此同时，部分学者关注政府采购的异质性特征。Edquist 和 Hommen

（2000）最早对政府采购进行了分类，他们认为政府常规采购与政府技术采购应该区别开来，政府常规采购涉及的是常规的现成产品和服务，而政府技术采购要求供应商在交付产品或服务之前进行研发。Edquist 和 Zabala - Iturriagagoitia（2012）提出政府创新采购概念代替政府技术采购概念。Slavtchev 和 Widerhold（2016）进一步指出，政府采购的大部分份额由于涉及日常的标准化商品和服务，基本不具备刺激创新的可能性。鉴于此，学者们开始对创新采购与常规采购加以区分，分别探讨其政策效果。例如，Crespi 和 Guarascio（2019）基于 1995~2012 年 24 个 OECD 国家制造业的专利申请信息，研究表明，无论政府常规采购还是政府创新采购，均对行业的专利申请活动存在显著的正向影响。然而，Czarnitzki 等（2020）、Caravella 和 Crespi（2021）等却得出不一致的研究结论。例如，Czarnitzki 等（2020）基于 3410 家德国企业数据，采用双重差分等方法，发现只有以创新为导向的政府采购对新产品和服务的营业额具有显著的促进作用。Caravella 和 Crespi（2021）基于 4206 家意大利制造业企业数据，发现政府常规采购对企业研发支出存在负向影响。

1.2.2 国内研究现状

1. 数字经济的相关研究

（1）数字经济的内涵

相较于国外，我国数字经济起步较晚。2014 年，我国首次在政府工作报告中提到"大数据"的概念。2015 年初，李克强总理在政府开展各项工作的具体行动规划中明确提出了"互联网+"，随后又在政府工作报告中反复强调，意在推动网络和其他产业的融合，鼓励中国大众创新，推动经济社会的健康发展。自此，国内学者及相关机构对数字经济概念进行界定。

一是官方层面。中国信息通信研究院于 2017 年发布的《中国数字经济发展白皮书》指出，数字经济的发展应将数字技术创新作为核心驱动力，助力于深化数字技术与传统产业乃至实体经济的融合，进而促进经济发展与政府治理模式重构，将数字经济分为数字经济基础部分和数字经济融合部分。国家统计局 2021 年 5 月公布了《数字经济及其核心产业统计分类（2021）》，根据该统计分类，数字经济主要包括"数字产业化"和"产业数字化"。同年，国务院印发的《"十四五"数字经济发展规划》中给出了数字经济的定义:"数字经济是继农业经济、工业经济之后的主要经济形态,是以数据资源为关键要素,以现代信息网络为主要载体,以信息通信技术融合应用、全要素数字化转型为重要推动力,促进公平与效率更加统一的新经济形态。"

二是学术界层面。近年来,国内学者从各种角度对数字经济进行了界定,既有从数字经济的特征出发进行界定的,还有从数字经济的内容进行界定的。例如,李晓华(2020)将数字经济的主要特征总结为颠覆性创新不断涌现、超速成长、网络效应与"赢家通吃""蒲公英效应"与生态竞争等方面。佟家栋和张千(2022)通过对数字经济的发展、基础和内涵进行梳理,总结出数字经济具有数据化、网络化、智能化和共享化特征。梅宏(2021)把数字经济作为一种新的经济范式总结,包括信息技术与装备产业本身、信息化行业以及数据增值产业这三个方面。张志楠(2021)在《合作倡议》的基础上强化了数字技术与实体经济的高度融合。欧阳日辉(2023)认为数字经济是数字及数字化产品和服务的生产、消费、分配、流通等经济活动的统称。

(2)数字经济的测度研究

数字经济已成为经济增长的新引擎,在我国的发展战略中占据重要位置,数字经济的测算也引起了越来越多学者的关注。向书坚和吴文君(2019)在借鉴 OECD 数字经济研究框架的基础上,构建了中国数字经济卫星账户核算体系,并对 2012~2017 年中国数字经济主要产业部门的增加值进行了测算。许宪春和张美慧(2020)在界定数字经济范围的基础上,筛选数字经济产品与数字经济产业,采用 BEA(美国经济分析局)的测算方法,测算了数字经济增加值、数字经济总产出等指标的规模。罗良清等(2021)将数字经济产业分为数字经济基础产业和融合产业,将数字经济产品分为数字产品和数字化产品,并据此识别数字经济核算界限,构建了具备全面性、国际可比性的中国数字经济卫星账户的基础框架。陈梦根和张鑫(2022)在建立数字经济要素核算理论框架的基础上,结合投入产出技术,对我国数字经济要素投入结构开展测算及应用分析。李拓晨等(2023)通过 CRITIC – G1 – Bonferroni 算子测度包含数字环境、数字产业化以及产业数字化三个维度的数字经济发展指数。

(3)数字经济的经济效应研究

与国外研究类似,现有文献主要从经济发展、产业结构、就业等方面探讨数字经济的经济效应。鲁钊阳等（2023）发现数字经济通过促进产业结构转型升级和提高地区研发创新水平进而促进整体区域高质量发展。王小波和孔莉霞（2023）基于2011~2019年中国277个城市层面数据，运用固定效应模型和空间杜宾模型，发现数字经济可以通过降低资本错配程度和劳动错配程度，进而推动制造业集聚。尹忠明等（2023）认为依托数字技术的广泛应用，省域数字经济的发展显著推动了制造业出口贸易结构的优化升级。周晓光和肖宇（2023）研究发现发展数字经济整体上有利于居民就业，但这种影响效应的大小存在明显的行业异质性和区域异质性特征。孙源序等（2024）基于2011~2020年中国268个地级及以上的面板数据，发现数字经济主要通过经济发展效应、就业优化效应和社会保障提升效应三大机制促进城乡融合发展，且数字经济对城乡融合发展存在显著的门槛效应。

2. 企业技术创新的影响因素研究

创新是引领发展的第一动力。近年来，如何有效激励企业技术创新，实现中国经济高质量发展，是当前学术界关注的重要议题之一。与此同时，随着微观数据越来越丰富，关于企业技术创新影响因素的相关研究愈加深入。总结来看，国内学者主要从宏观层面、中观层面以及微观层面展开研究。

（1）影响企业技术创新的宏观因素

影响企业技术创新的宏观因素主要包括金融环境、知识产权保护、产业政策等。在金融环境上，已有文献尚未形成共识，主要有三种观点。一是金融环境发展有助于企业技术创新。例如，庄毓敏等（2020）在理论与实证分析的基础上，指出金融发展可以提高经济中储蓄向投资转化的效率、缓解信息不对称，有效降低了研发部门的外部融资成本，从而促进企业增加研发投入。二是不同金融结构的作用具有异质性。例如，侯世英和宋良荣（2020）指出，市场主导型金融体系结构对企业创新存在显著的正向影响，而银行主导型金融体系结构与企业创新之间存在倒"U"形关系。三是金融环境发展不利于企业技术创新。例如，蔺鹏等（2020）基于随机前沿模型发现，银行体系发展对技术创新效率产生抑制效应，造成较大程度的技术效率损失。

在知识产权保护上，部分学者认为，政府加强知识产权保护一方面减少了研发活动的外部性问题，降低创新者被侵权的风险，提高从事研发活动的期望收益，从而激励企业加大研发投入；另一方面减少了信息不对称问题，创新者更愿意将研发项目信息提供给外部资金提供者，从而企业的研发活动更容易获得外部融资支持（吴超鹏和唐茚，2016）。例如，庄子银等（2021）基于企业异质性视角，研究发现，加强知识产权保护可以显著促进我国企业整体创新，该创新激励效应对国有控股企业、出口企业最强。金岳等（2022）基于《物权法》外生冲击，研究结果表明，正式制度的产权保护有利于促进民营企业技术创新。然而，另有部分学者指出，政府知识产权保护一方面会造成知识流动和技术学习受到阻碍，不利于企业创新积累；另一方面会导致创新市场垄断加剧，抬高产品价格，进而导致企业的创新频率降低。例如，黎文靖等（2021）以北上广知识产权法院设立为准自然实验，探讨强化知识产权司法保护对企业技术创新的影响，发现知识产权法院的设立显著抑制了企业研发投入和研发产出，且存在时间滞后效应和动态效应。

在产业政策上，学术界大多将其划分为选择性产业政策和功能性产业政策两种类型，分别探讨其创新激励效应。从选择性产业政策来看，一方面，政府通过选择性政策可以弥补企业研发活动的外部性，增加企业研发投入，强化创新激励；另一方面，政府提供事后的支持来补贴或保护特定的企业时，市场的作用会受到抑制，政府可能被企业策略性行为所误导，且经济中存在寻租行为，造成资源浪费，从而抑制企业技术创新。例如，余明桂等（2016）利用中央"五年规划"对一般鼓励和重点鼓励产业规划的信息，研究发现，产业政策能显著提高被鼓励行业中企业发明专利数量，并且这种正向关系在民营企业中更显著。黎文靖和郑曼妮（2016）却得到了不同的结论，他们的研究发现，中国的产业政策只促进了企业非发明专利申请数量的增加，对发明专利的影响并不显著。从功能性产业政策来看，作为一种"市场友好""竞争中性"的政策，功能性产业政策可为企业创新提供良好的外部环境，帮助企业克服各种不确定性的影响，进而激发企业创新。例如，林志帆等（2022）基于沪深A股制造业上市公司专利数据，研究结果显示，以教育、科技、交通和公共安全支出表征的功能性产业政策显著激励高创新价值的发明专利。

（2）影响企业技术创新的中观因素

与国外研究类似，国内学者探讨企业技术创新的中观层面因素也主要集中于市场竞争、融资约束等方面。从市场竞争来看，国内学者关于其对企业技术创新的影响并未形成一致结论。一类观点认为竞争有利于企业创新。例如，王靖宇等（2019）将 2011 年《外商投资产业指导目录》调整为准自然实验，以我国非金融类上市公司为研究对象，采用 DID 模型发现市场竞争程度的提高对企业创新具有显著的促进作用。毛新述和于娜（2023）以我国 2015～2020 年商业类国有企业为研究对象，发现市场竞争程度能够显著促进企业增加创新投入。另一类观点认为竞争并不利于企业创新。例如，宋清和刘奕惠（2021）以 2007～2019 年中小科技企业为研究对象，发现市场竞争程度会通过研发投入的中介作用对创新产出产生抑制作用。此外，还有部分学者指出市场竞争与企业技术创新可能存在非线性关系。例如，徐晓萍等（2017）以我国上市企业为研究样本，发现竞争与创新活动存在倒"U"形关系。孔令文等（2022）基于我国 2005～2007 年工业企业数据库发现，在多个大企业主导的竞争型市场中，企业的技术创新能力最高，但竞争过于激烈反而不利于企业创新。

从融资约束来看，国内学者们较为一致地认为融资约束制约了企业创新水平，缓解融资约束有助于企业创新。在理论分析方面，程远等（2021）通过构建理论模型，刻画融资约束对企业创新活动的影响机制，结果显示，融资约束对企业创新决策造成了显著的抑制效应，而且对企业创新成果数量也存在负面影响。在实证分析方面，张杰等（2012）以民营企业为研究对象，发现融资约束显著抑制了民营企业创新投入。郑妍妍等（2017）基于中国工业企业数据库，实证检验融资约束对企业研发投资的影响，结果显示，企业融资能力对企业研发投资存在显著的促进效应，并且对大规模企业和私营企业的促进效应更为显著。海本禄等（2021）研究不同外源融资方式对企业技术创新的影响，研究发现，信贷融资显著抑制了企业的技术创新，而股权融资则显著激励了企业的技术创新。

（3）影响企业技术创新的微观因素

影响企业技术创新的微观因素主要包括所有权性质、企业规模、企业治理等。从所有权性质来看，当前关于企业所有权性质与企业技术创新关系的研究结论尚存在分歧。吴延兵（2012）基于委托代理理论，认为国有企业中存在严重的委托代理和预算软约束问题，其产权性质决定了国有企业经理的行为具有短期化特征，而放弃投资周期较长、在其任职期间得不到回报的创新项目，最终导致国有企业技术创新水平的低下。贺京同和高林（2012）基于制度理论发现，相较于国有企业，民营企业虽具有明晰的产权使其面临较少的委托代理问题，但民营企业在经营环境上往往处于弱势地位，其在投融资、税收等方面均处于劣势，从而抑制了民营企业技术创新。

从企业规模来看，既有文献关于企业规模与企业技术创新关系的研究结论主要有以下几种观点。第一种观点肯定了大企业在技术创新中的作用。郭斌（2006）对中国软件产业的规模与创新绩效的研究、刘立钢等（2009）对中国汽车企业规模与绩效的关联性研究、余江等（2023）对中国工业企业规模和创新产出的研究都肯定了大企业的创新能力。第二种观点认为大规模企业在创新激励和管理等方面会出现僵化问题，进而抑制企业技术创新，因此肯定了小企业的创新能力。如吴敬琏（2000）强调了中小企业在中国台湾产业升级中的作用，认为中小企业的经营活动更有效率、更能遵循比较优势路径来实现产业升级。第三种观点强调企业规模与企业技术创新之间存在着非线性关系，朱恒鹏（2006）以民营企业为研究对象，发现民营企业规模与企业技术创新水平之间存在着显著的倒"U"形关系。

从企业治理来看，已有文献主要从股权集中度、高管异质性、经理激励差异三个方面探讨其对企业技术创新的影响。股权集中度与企业技术创新一直是国内学者关注的重点之一，然而，现有研究并未达成一致意见。根据委托代理理论，部分学者指出，较高的股权集中度使得大股东往往为了谋求自身利益转移企业资源而牺牲中小股东利益，对公司形成"隧道效应"，从而抑制企业技术创新。例如，钟腾等（2020）指出大股东通过隧道效应转移公司资源，证实了集中型股权结构会对企业技术创新造成负面影响。还有部分学者认为，较高的股权集中度会使大股东与中小股东利益趋同，使股东将自身更多资源投入公司，对公司形成"支持效应"，从而促进企业技术创新。例如，顾露露和张凯歌（2021）研究指出，绝对集权式股权结构更易形成控股股东的"支持效应"和大股东间"同舟共济"，最终体现为较高的创新产出。在高管异质性方面，部分学者认为高管的学术经历、海外经历、职业路径等因素会对企业技术创新产生显著影响。例如，赵珊珊等（2019）研究发现，高管学术经历能够显著提高企业技术创新投入和实质性创新产出，但对于策略性创新产出却呈现显著负向影响。余长林和孟祥旭（2022）研究发现，"海归"高管不仅能够通过提高企业员工人力资本水平和研发投入强度促进数字产业技术创新。王晓燕等（2023）研究发现，高管职业路径对企业技术创新存在异质效应，其中，多变型职业路径对企业技术创新投入存在正向或正"U"形影响，而专一传统型职业路径对企业技术创新投入的负向影响不显著。在高管激励方面，部分学者基于异质性激励方式展开研究，认为高管薪酬激励和高管股权激励对企业技术创新的作用效果有所不同。例如，刘冠辰等（2022）以 IPO 为研究对象，研究发现高管薪酬激励显著提高了"数量"创新，而高管股权激励显著提高了"质量"创新。

3. 财税政策与企业技术创新的相关研究

（1）政府补贴与企业技术创新

正如前文所述，以研发投资为核心的企业技术创新行为具有外部性，且研发投资领域存在严重的信息不对称与融资不足问题，因而企业的创新行为需要政府的补贴支持。作为"事后激励"的补贴政策能否有助于提高企业技术创新水平？这一议题备受国内学者关注。既有研究基于不同视角、利用不同数据、采用不同研究方法探讨政府补贴的创新激励效应。然而，遗憾的是，已有文献尚未形成一致结论。

部分学者认为政府补贴能够通过资源获取、信号传递等机制激励企业技术创新，从而肯定了政府补贴的创新激励效应。例如，姚东旻和朱泳奕（2019）基于中国工业企业数据库，使用倾向得分匹配与双重差分法，发现政府补贴对于企业后续创新投入具有显著的促进作用。王宏伟等（2022）以光伏产业为研究对象，指出政府补贴可以显著提升我国光伏行业整体的研发投入水平和创新产出能力，且对于研发投入水平的促进作用更明显。杨欢和李香菊（2023）研究发现，政府创新补贴通过提高企业风险承担水平和向外部投资者传递积极信号两个机制提高企业创新效率。

但也有学者认为，政府补贴不仅没有创新激励效应，反而会抑制企业技术创新。一方面，企业可能会因信息不对称向政府部门发送虚假的创新信号，导致政府补贴分配过程中出现逆向选择问题，造成补贴难以发挥作用（安同良等，2009）；另一方面，在我国财政分权背景下，地方政府往往在补贴标准、补贴对象选择等方面具有较大的自由度，倘若缺乏有效的监督则极易产生"设租""寻租"等问题（邓若冰，2018）。例如，张杰等（2015）系统评估了中国创新补贴政策的绩效，指出政府创新补贴政策对企业私人研发并未表现出显著的挤入效应。白旭云等（2019）以高新技术企业调研数据为样本，发现政府补贴会加剧企业寻租行为和对政府的依赖，对企业创新绩效和创新质量均产生挤出效应。应千伟和何思怡（2022）以2008~2016年高新技术企业为样本，研究表明，政府补贴的验收扭曲机制与寻租扭曲机制致使企业倾向于选择"重数量、轻质量"的创新策略，最终造成企业创新投入和产出的市场价值下降。

还有部分学者认为，由于补贴强度存在差异，这使得政府补贴与企业创新水平之间会呈现出非线性结构特征。例如，林洲钰等（2015）基于国家知识产权局提供的企业专利数据，指出政府补贴与企业专利产出呈现倒"U"形关系，当政府补贴低于某一临界值时，政府补贴显著促进了企业专利产出；当政府补贴超过临界值时，政府补贴对企业专利产出的抑制效应开始显现。毛其淋和许家云（2015）基于倾向得分匹配的倍差法与生存分析方法系统地评估了政府补贴对企业新产品创新的微观效应，研究发现，只有适度的补贴才能够显著激励企业新产品创新，高额度补贴反而抑制了企业新产品创新。安同良和千慧雄（2021）基于技术外溢视角，将R&D补贴嵌入R&D竞争框架内，结果显示，当需要补贴时存在一个最优的R&D补贴规模，且"普惠式"补贴与"竞争式"补贴有各自的优势区间。崔兆财等（2023）采用工具变量法2SLS和Ⅳ Probit方法，发现政府研发资助对企业技术创新活动产出以及创新意愿存在"U"形非线性激励效应，只有当政府资助规模超过某阈值后，才呈现出对企业技术创新意愿的"挤入"效应。

此外，越来越多的研究表明，补贴的效果不仅局限于挤入效应、挤出效应和非线性效应，而且还可能存在异质效应。例如，杨洋等（2015）研究发现，相较于国有企业，政府补贴对民营企业的创新激励效应更大。余典范和王佳希（2022）研究表明，政府补贴对成长期企业的创新具有显著激励效果，对成熟期和衰退期企业创新无显著正向影响。贺炎林等（2022）研究发现，融资约束水平越高的企业，创新补贴政策的有效性越高，融资约束可以抑制创新补贴政策的资源诅咒效应所产生的寻租行为和过度投资，促使企业把创新补贴更有效地用于技术创新。吴金光等（2022）以科技型中小企业为样本，研究发现，政府研发补贴显著刺激了企业研发投入，且该创新激励效应对非国有、高新技术和低市场化程度地区的企业更加显著。

值得一提的是，面对政府补贴的"馅饼"和"陷阱"效应持续争论，部分学者指出政府补贴固有的异质性特征可能是产生分歧的重要原因。事实上，政府补贴的类型丰富、种类繁多、范围广泛。例如，在我国，除了研发补贴等创新类补贴外，还广泛存在诸如纳税大户、拆迁补偿、污水处理、财政贴息等非创新类补贴（李万福等，2017）。鉴于此，少数学者基于异质性政府补贴视角，通过区分创新补贴与非创新补贴，力图进一步探讨政府补贴的创新激励效应。例如，郭玥（2018）发现创新补助会显著促进企业研发投入和实质性创新产出的增加，而非创新补助对企业创新无显著影响，且该效果还会因所有制形式、高管团队研发背景、生命周期的差异而不同。吴伟伟和张天一（2021）基于信号理论，发现研发补贴对新创企业的创新产出呈现倒"U"形影响，而非研发补贴对新创企业的创新产出呈现正向影响。姚林香等（2022）基于制造业企业的非平衡面板数据，发现异质性政府补贴对企业技术创新具有明显的非对称影响，具体而言，创新补贴与非创新补贴均能够显著促进企业的研发投入，但创新补贴的影响效应明显大于非创新补贴；创新补贴对企业研发产出的影响显著为正，但非创新补贴对企业研发产出的影响效应并不显著。

梳理文献可以发现，关于政府补贴与企业技术创新的相关研究较为丰富，但针对数字企业的相关研究较为匮乏。目前仅有少数学者探讨了政府补贴与数字企业技术创新的关系。例如，余长林等（2021）以电信广播电视和卫星传输服务、互联网和相关服务、软件和信息技术服务等三类行业的上市企业作为研究对象，发现政府补贴通过提高企业研发投入来提升企业技术创新能力，且政府补贴对电信传媒行业和软件信息行业技术创新的影响较为显著。邓峰等（2021）基于中国数字经济产业上市企业数据，发现R&D补贴通过降低融资约束和提高风险承担水平来促进数字企业技术创新，且该激励效应会因企业所有权性质、企业规模、行业属性等呈现异质性。梁睿昕和李姚矿（2023）基于2015~2020年沪深A股中数字经济核心产业上市公司数据，利用文本分析法精确科学地度量政府创新补贴水平，发现政府创新补贴对数字企业技术创新存在"U"形影响。

（2）税收优惠与企业技术创新

税收优惠能否激励企业技术创新？这一议题受到学者们的广泛关注。梳理既有文献可知，学者们分别基于创新投入与创新产出视角，考察整体性税收优惠政策和具体性税收优惠政策的作用效果。随着研究内容的深入，学者们开始考察企业内外部因素是否会对创新激励效果产生不同影响。

税收优惠政策是否有助于企业增加创新投入？这一议题引起国内学者的广泛关注，既有文献主要有三种观点：一是促进效应。持有促进论观点的学者认为，税收优惠能够通过缓解企业现金流和融资约束、提高企业创新的预期收益、降低创新行为的投资风险等多重路径促进企业增加创新投入。例如，刘诗源等（2020）采用前瞻性有效平均税率，发现税收激励显著促进了企业研发投入。二是抑制效应。持有抑制论观点的学者认为税收优惠政策不仅可能会使企业"操纵"研发费用，而且会挤出政府的税收收入，进而对企业研发投入产生不利影响。例如，杨国超等（2017）发现减税激励政策会诱使企业进行研发操纵，最终导致企业研发投入的下降。三是门槛效应。有学者研究发现税收优惠对企业技术创新存在门槛效应。例如，冯海红等（2015）以大中型工业企业为研究对象，研究发现，在最优的政策力度门限区间内，税收优惠政策对企业研发投资有着显著的正向激励作用，而且政策力度小于第一门限值时激励作用较为微弱，大于第二门限值则产生反效果。伍红和郑家兴（2021）以制造业上市企业为样本，发现政府补助力度对制造业企业的创新效率存在双重门槛效应，实际税费负担率则仅对高端制造业企业的创新效率存在单一门槛效应。

不可否认，研发投入作为企业最重要的创新投入，在很大程度上决定了企业的创新能力。但由于研发活动存在失败率高、不确定性强等特征，创新投入能否转化为产出受到诸多因素的影响。因此，与研发投入相比，以专利为代表的研发产出更直观地体现了企业的创新水平。鉴于此，部分学者从研发产出视角，实证分析税收优惠对企业创新产出的影响效应。例如，袁建国等（2016）基于上市公司数据，研究发现，尽管税收优惠对企业研发投入具有显著激励效应，但对创新产出的激励作用并不显著。储德银等（2017）基于战略性新兴产业上市公司数据，发现税收优惠通过人力资本所传导的间接作用不利于增加企业的专利产出。然而，白旭云等（2019）基于高新技术企业数据却发现，税收优惠政策有利于企业技术创新绩效和高质量创新产出的提升。刘兰剑等（2021）基于新能源汽车企业数据，研究显示，税收优惠对专利质量产生了正向的激励作用，但存在明显的门槛效应。

区别于以往研究，还有部分学者尝试考察不同税收优惠政策的创新激励效应。总结既有文献来看，主要集中于"营改增"政策、固定资产加速折旧政策、研发费用加计扣除等税收优惠政策。例如，毛捷等（2020）以"营改增"政策为准自然实验，采用三重差分法，发现营改增显著降低了试点企业流转税税负，税负的下降改善了企业现金流，进而激励企业技术创新。林志帆和刘诗源（2022）以固定资产加速折旧政策为准自然实验，探究其对企业技术创新的影响效应，研究发现，固定资产加速折旧政策对创新数量和创新质量产生了显著的正向作用。叶永卫等（2023）将2018年企业职工教育经费税前扣除政策作为一项准自然实验，采用双重差分方法，发现职工教育经费税前扣除比例提高能够通过融资约束缓解效应和人力资本升级效应促使企业增加专利产出。另有少部分学者注意到我国税收优惠政策多种多样，究竟何种政策能够最大程度激励企业技术创新？为了回答这一问题，部分学者比较了不同税收优惠政策的创新激励效应。例如，张悦等（2023）以A股软件企业为样本，对比研发费用加计扣除、企业所得税税率优惠、增值税即征即退三项政策的创新激励效应，发现研发费用加计扣除在促进创新投入方面效果最强，而增值税即征即退政策在促进创新成果转化方面效果最强。

随着研究的日益深入，部分学者认为税收优惠对企业技术创新的影响效应不能一概而论，其作用效果会因企业内外部因素而不同。例如，刘放等（2016）发现，融资约束程度越强，产品市场竞争越强，地区市场化程度越高，税收激励效果越显著。刘诗源等（2020）研究发现，税收激励显著促进成熟期的民营、高科技、制造业企业的研发投入，对其他类别或阶段的企业无显著影响。李远慧和徐一鸣（2021）以先进制造业企业为研究样本，发现税收优惠对先进制造业企业一般性创新和实质性创新均存在明显的区域异质性。张双龙等（2022）指出，相较于非国有企业，技术引进税收优惠对国有企业自主创新的促进效应更大。

关于税收优惠与企业技术创新的关系，国内学者从不同角度展开了系统且深入的研究。然而，与政府补贴类似，针对数字企业的相关研究较为罕见。目前仅有少部分学者探讨了税收优惠与数字企业技术创新的关系。例如，沈思和刘文龙（2021）以深圳市狭义数字经济口径的企业数据为研究对象，发现减税降费政策显著激励了数字企业的研发投入。邓峰和杨国歌（2021）以沪深A股中数字经济行业的上市公司为样本，研究结果表明，固定资产加速折旧政策对提高数字企业创新效率具有显著的激励效应，对中小规模和国有控股数字企业的激励效应尤为显著。

（3）政府采购与企业技术创新

关于政府采购与企业技术创新关系的研究，多数学者对政府采购的创新效应持肯定态度。他们认为政府采购可通过提供最小市场规模和向市场传递积极信号而引领市场需求，进而提升市场预期回报（孙薇和叶初升，2023）。同时，政府创新采购能够为企业减少研发活动的不确定性、稳定企业的现金流、缓解企业融资约束问题，从而促进企业技术创新。例如，徐建斌和李春根（2020）利用世界银行企业调查数据并科学划分行业类型，研究发现，我国政府采购在整体上对企业技术创新产生了显著的促进作用，但该影响效应存在明显的行业差异性。姜爱华等（2022）研究发现，政府采购显著促进了企业技术创新，并指出优化营商环境能够将激励效应进一步放大。张琦等（2023）基于政府采购合同数据，发现签署数据密集型政府采购合同会显著提高上市公司的数字技术创新和非数字技术创新水平。

但也有学者认为政府采购并未显著激励企业技术创新，反而起到抑制作用。一方面，政府采购政策效果的有效发挥在很大程度上依赖于政策实施过程，在这一过程中往往面临着地方保护主义、法律体系不完善等挑战，从而导致政府采购流程不规范，最终无法有效激励企业技术创新。此外，资本市场的不健全，会导致投资者对于企业获得政府订单的过度关注，促使企业大股东以及管理层进行套利行为，从而削弱了政府采购对于创新的促进作用（苏婧等，2017）。例如，胡凯等（2013）研究发现，当市场竞争水平较低时，政府采购可能是歧视性采购或指定性采购，这会打击其他企业的创新积极性，而通过非公平竞争获得政府采购合同的企业也会缺乏创新动力。肖建华和谢璐华（2020）发现，在低竞争度行业内，政府采购政策对本省创新能力的提高具有抑制作用。武威和刘玉廷（2020）指出政府采购对企业创新的作用效果受到地域因素影响，具体而言，本地政府采购会显著抑制企业创新，表现为"保护效应"；异地政府采购会显著促进企业创新，表现为"溢出效应"。刘敬富等（2020）发现，在政府采购驱动企业科技创新的过程中，政府存在挑选赢家行为，即偏好成熟型科技创新产品，从而弱化对企业科技创新的实际效果。

梳理文献可知，关于政府采购与企业技术创新的相关研究较为丰富。但是，既有文献大多将政府采购视为一个整体加以考察，而未区分创新采购与常规采购。事实上，政府创新采购与政府常规采购有显著的区别，后者发生在政府购买现成的简单产品时，并不涉及研发过程，无须进行相关的研发投资。目前仅有少数学者对此加以区分。例如，孙薇和叶初升（2023）基于64余万条政府采购合同数据，使用文本分析方法识别政府创新采购，发现政府创新采购有助于企业创新。此外，梳理既有文献发现，目前针对政府创新采购政策与数字企业技术创新的研究几乎是空白。

1.2.3 文献述评

以上文献综述主要分为三部分。

第一部分是关于数字经济的相关研究。本部分系统梳理了数字经济领域的最新进展，发现既有研究主要集中于数字经济的内涵、数字经济的测度、数字经济的经济效应等方面。

第二部分是关于企业技术创新影响因素的相关研究。梳理文献可知，现有关于企业技术创新影响因素的研究主要集中于三个层面：一是宏观层面的税收优惠、政府补贴、金融环境、知识产权保护、产业政策等；二是中观层面的融资约束、市场竞争等；三是微观层面的企业规模、企业年龄、所有权性质、企业治理等。

第三部分是关于财税政策与企业技术创新的相关研究。本部分从第二部分宏观层面中的税收政策、政府补贴等因素出发，对不同财税政策与企业技术创新的相关文献进行梳理。需要指出的是，以上文献梳理涉及了所有不同行业的企业。

毫无疑问，既有文献不仅为本书提供了丰富的素材，而且为本书奠定了重要的理论基础。然而，既有研究还存在以下不足。

第一，鲜有针对数字企业的相关研究。近年来，国内外涌现出大量数字经济的相关研究。然而，既有研究主要集中于数字经济的内涵、数字经济发展水平的测度、数字经济的经济效应等宏观方面，而微观视角的研究明显不足。此外，关于财税政策的创新效应研究，国内外学者主要关注制造业企业等传统企业，而聚焦数字企业，尤其是深入分析财税政策对数字企业技术创新效应的研究较为匮乏。

第二，鲜有针对数字企业技术创新供给侧的政府创新补贴与税收优惠政策研究。目前虽有少量学者对政府补贴与数字企业技术创新的关系进行了探讨，但既有文献大多以政府补贴总额作为研究对象，未严格区分政府创新补贴与政府一般性补贴。事实上，在我国的政府补贴中，不仅包含创新补贴，而且包含大量的非创新补贴，若不加以区分，将混杂非创新补贴的影响效应。此外，当前关于税收优惠与数字企业技术创新的研究较为匮乏且不够系统。

第三，鲜有针对数字企业技术创新需求侧的政府创新采购政策研究。梳理文献可发现，关于财税政策与数字企业技术创新的研究较为匮乏。既有相关研究集中于供给侧的政府补贴政策及税收优惠政策，而针对政府创新采购与数字企业技术创新的研究几乎是空白。事实上，政府创新采购作为需求侧的重要创新政策工具，在财税政策体系中的地位和作用不容忽视。然而，我国当前实施的政府创新采购政策能否激励以及通过何种机制激励数字企业技术创新尚缺乏系统性的理论与实证分析。

1.3 研究内容与研究方法

1.3.1 研究内容

本书的内容共有 7 章，具体内容安排如下。

第 1 章，绪论。本章的内容具体包括以下几个方面：一是阐述本书的研究背景及研究意义；二是分国外和国内两方面梳理数字经济的相关文献、企业技术创新影响因素的相关文献、财税政策与企业技术创新的相关文献，并总结现有文献存在的贡献及不足之处；三是详细介绍研究内容及研究方法；四是总结本书的创新之处及不足。

第 2 章，财税政策影响数字企业技术创新的理论分析。本章的内容具体包括以下几个方面：一是对数字企业、技术创新、财税政策等核心概念进行界定；二是阐述本书的理论基础，包括外部性理论、信息不对称理论和熊彼特增长理论；三是通过构建理论模型，理论分析政府补贴、税收优惠、政府采购对数字企业技术创新的影响。

第3章，我国数字企业技术创新现状及相关财税政策分析。本章的内容具体包括以下几个方面：一是对我国数字企业技术创新的总体状况、区域特征、行业特征及企业特征进行分析；二是对促进我国数字企业技术创新的现行财税政策进行归纳和总结，主要梳理我国政府补贴政策、税收优惠政策及政府采购政策的历史沿革及现状。

第4章，政府创新补贴影响数字企业技术创新的实证分析。本章的内容具体包括以下几个方面：一是从理论层面提出"政府创新补贴促进数字企业技术创新"的研究假说；二是使用2012~2022年A股上市公司数据，并通过手工收集和关键词筛选方法获取政府创新补贴数据，实证分析政府创新补贴对数字企业技术创新的影响效应；三是从企业生命周期、行业属性、制度环境等方面展开异质性检验；四是从更换解释变量、Heckman两步法、调整样本回归等方面进行稳健性检验；五是进一步分析政府创新补贴对数字企业技术创新的额外激励效应与动态效应。

第5章，税收优惠影响数字企业技术创新的实证分析。本章的内容具体包括以下几个方面：一是从理论层面提出"税收优惠促进数字企业技术创新"的研究假说；二是使用2012~2022年A股上市公司数据，并通过构建双向固定效应模型实证分析税收优惠对数字企业技术创新的影响效应；三是分别以融资约束和风险投资对税收优惠进行回归，检验税收优惠影响数字企业技术创新的直接机制与间接机制；四是从融资约束程度、企业性质、盈利状况、研发操纵、行业属性等方面展开异质性检验；五是从工具变量法回归、解释变量滞后一期、变更税收优惠的度量方式、Tobit模型回归、控制年份与省份交互项等方面进行稳健性检验。

第6章，政府创新采购影响数字企业技术创新的实证分析。本章的内容具体包括以下几个方面：一是从理论层面提出"政府创新采购促进数字企业技术创新"的研究假说；二是基于政府采购合同文本数据，采取Python和文本分析法，从总体的政府采购中识别出政府创新采购，并与2015~2022年数字企业数据匹配，实证分析政府创新采购对数字企业技术创新的影响效应；三是从缓解融资约束、增加营业收入、提升创新失败容忍度等方面对作用机制进行探究；四是从企业性质、研发风险阶段、制度环境等方面展开异质性检验；五是采用工具变量法及构建联合固定效应模型讨论内生性问题；六是分别采用当期值回归、变更自变量度量方式、变更因变量度量方式、调整样本区间等方式进行稳健性检验。

第7章，研究结论及政策建议。在对各章研究结论进行总结的基础上，提出促进数字企业技术创新的财税政策优化建议。在政府创新补贴方面：一是要加大对数字企业研发创新的财政补贴力度；二是要提高政府创新补贴资源的效率；三是要强化创新补贴政策与金融政策的互动协调。在税收优惠方面：一是要加大对数字企业技术创新的税收优惠力度；二是要完善针对软件和信息技术服务业的企业所得税优惠政策；三是要扩大企业所得税优惠税率覆盖范围；四是要提高税收优惠政策的精准度；五是要加强对数字企业研发投入的税务监管。在政府创新采购方面：一是要坚持创新型采购理念并健全政策落实机制；二是要稳步扩大针对数字企业的政府创新采购规模；三是要强化政府创新采购政策的精准性；四是要提升供给侧与需求侧政策工具的协同性。

本书的研究技术路线如图1.1所示。

1.3.2　研究方法

（1）文献研究法。在明确研究主题与研究内容的基础上，本书通过查阅图书、国内外期刊及学位论文等相关文献，对近年来财税政策创新效应的代表性文献进行梳理。具体而言：首先，本书按照国外和国内将文献分为两大类，分别梳理数字经济的内涵、数字经济的测度、数字经济的经济效应等相关研究；其次，从宏观、中观和微观三大层面系统梳理企业技术创新影响因素的相关文献；最后，从宏观层面中的财税政策因素出发，重点梳理政府补贴、税收优惠、政策采购与企业技术创新的相关研究。通过对既有文献进行全面梳理，较为全面地掌握了财税政策影响数字企业技术创新的相关理论与国内外研究进展。

（2）规范研究法。规范研究方法主要表现为运用外部性理论、信息不对称理论、熊彼特增长理论等理论，从逻辑上分析财税政策与数字企业技术创新的理论关系，为研究假说的提出提供理论支撑。基于规范研究方法，本书从理论上厘清了财税政策促进数字企业技术创新的作用机制。具体而言，政府创新补贴不仅能够直接增加企业的研发投入，而且能够间接增加外部投资者的投

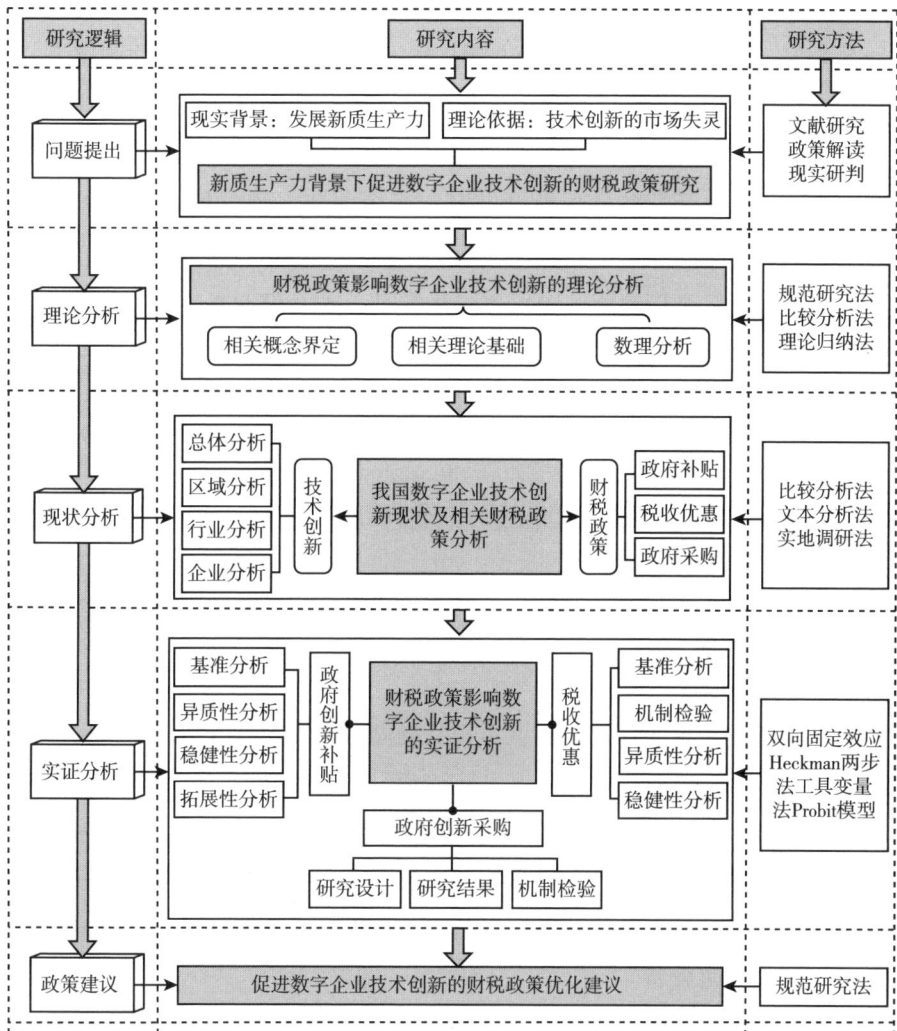

图 1.1　本书的技术路线

资；通过直接降低研发成本和研发风险、缓解融资约束和引导高素质人才集聚等机制，税收优惠有助于数字企业加大研发投入；由于研发不确定性的降低、风险分担和风险投资资本的引入，政府创新采购可以有效提升数字企业对创新失败的容忍度，进而激励企业加大研发投入。

（3）实证分析法。实证分析法是本书采用的主要研究方法。本书基于国泰安中国经济金融研究数据库（CSMAR）、万德（Wind）数据库、中国研究数据服务平台（CNRDS）、中国政府采购网的"政府采购合同公告查询"系统等原始数据，并采用文本分析法等方法对相关数据进行处理。在此基础上，综合运用多种计量分析方法，探讨本书的研究主题。具体而言，在第4章中，采用文本分析法从政府补贴中识别出创新补贴，并使用双向固定效应模型、Heckman两步法来研究政府创新补贴对数字企业技术创新的影响；在第5章中，使用双向固定效应模型、Probit模型、工具变量法、Tobit模型来研究税收优惠对数字企业技术创新的影响；在第6章中，采用Python和文本分析法从政府采购中识别出政府创新采购，并使用双向固定效应模型、工具变量法等方法探究政府创新采购对数字企业技术创新的影响。

1.4　创新点及不足之处

1.4.1　创新点

第一，研究视角的创新。本书不仅从微观层面拓展了数字经济相关研究，也为财税政策的创新效应研究开辟了新视角。既有文献主要集中于宏观层面的数字经济及传统企业的技术创新研究，针对微观层面的数字企业技术创新研究却较为有限。基于此，本书在科学地界定数字企业范围的基础上，充分考察数字企业创新活动的独特性，从微观层面深入分析财税政策对数字企业技术创新的影响，研究视角独特。

第二，研究内容的创新。一是，拓展了"供给侧的政府创新补贴政策与数字企业技术创新"这一研究主题。既有文献大多以政府补贴总额作为研究对象，未严格区分政府创新补贴与政府一般性补贴，混杂了非创新类补贴的影响效应。基于此，本书通过手工收集和关键词筛选方法获取政府创新补贴数据，剔除非创新补贴对研究结果的干扰，不仅分析政府创新补贴对数字企业技术创新的影响效应及异质效应，而且进一步探讨政府创新补贴的额外激励效应和动态效应，拓展了该主题的研究。二是，丰富了"供给侧的税收优惠政策与数字企业技术创新"这一研究主题。现有关于税收优惠与数字企业技术创新的文献较为匮乏且不够系统。基于此，本书不仅研究了税收优惠对数字企技术创新的影响及作用机制，还从融资约束程度、企业性质、盈利状况、研发操纵与行业属性等不同维度，系统分析税收优惠对数字企业技术创新的异质效应，丰富了该主题的研究。三是，补充了"需求侧的政府创新采购政策与数字企业技术创新"这一研究主题。关于政府采购与企业技术创新的相关文献较为丰富，但严格区分政府创新采购与政府常规采购的文献尚不多见，且缺乏针对数字企业的专门研究。基于此，本书基于政府采购合同数据，采用 Python 和文本分析法，从总体的政府采购中识别出政府创新采购，创造性地探究政府创新采购对数字企业技术创新的影响及作用机制，补充了该主题的研究。

第三，研究方法的创新。本书综合采用固定效应模型、Tobit 模型、Probit 模型等，实证分析财税政策对数字企业技术创新的影响。与此同时，本书分别采用工具变量法、交叉固定效应、Heckman 两步法等方法以最大限度缓解内生性问题，从而保证了研究结论的可靠性。此外，本书还采用 Python 爬虫技术获取政府采购合同数据，进一步丰富了财税领域的研究方法。

1.4.2 不足之处

（1）研究样本的选择不够全面。数字经济包括数字产业化和产业数字化两部分。根据《国民经济行业分类》（GB/T4754—2017），除信息传输、软件和信息技术服务业及国际组织两大门类外，产业数字化涵盖了其余 18 个门类中的 91 个大类行业。然而，由于目前缺乏测度数字化改革程度的指标，从产业分类的角度并不能识别出产业数字化的发展程度，因此数字产业化的范畴应用更为普遍（李晓华，2019；戴若尘等，2022）。因此，出于可操作性及数据的可获得性考虑，本书以数字经济核心产业中的企业为研究对象，即数字产业化部分，而未考虑产业数字化部分，研究样本的选择不够全面。

（2）内生性问题处理不够彻底。政府补贴、税收优惠、政府采购与企业技术创新可能存在双向因果关系，进而产生内生性问题。因此，本书综合运用双向固定效应模型、工具变量法、Heckman 两步法、更换解释变量、更换被解释变量、交叉固定效应、调整样本区间等多种方法缓解内生性问题。然而，内生性问题处理仍然不够彻底。如有可能，在今后的相关研究中，拟采用 DID、PSM 等计量方法进一步缓解内生性问题。

2 财税政策影响数字企业技术创新的理论分析

2.1 相关概念界定

2.1.1 数字企业

目前学术界对于数字经济的定义尚未达成共识，核算方法尚未有统一的国际标准。为科学界定数字经济及核心产业统计范围，国家统计局对国民经济行业分类中符合数字经济产业特征的和以提供数字产品（货物或服务）为目的的相关行业类别活动进行分类，并于2021年5月公布了《数字经济及其核心产业统计分类（2021）》[①]。根据该统计分类，数字经济主要包括"数字产业化"和"产业数字化"，产业范围确定为：01 数字产品制造业、02 数字产品服务业、03 数字技术应用业、04 数字要素驱动业、05 数字化效率提升业等5个大类。其中，01~04 大类为数字经济核心产业，对应于"数字产业化"部分，是数字经济发展的基础；05 大类对应于"产业数字化"部分。具体而言，数字经济核心产业对应于《国民经济行业分类（GB/T4754－2017）》中的26个大类、68个中类、126个小类，主要包括国民经济行业分类中的计算机通信和其他电子设备制造业、电信广播电视和卫星传输服务、互联网和相关服务、软件和信息技术服务业等4个大类行业。

---

① 《数字经济及其核心产业统计分类（2021）》：http：//www.stats.gov.cn/tjsj/tjbz/202106/t20210603_1818134.html。

本书借鉴国家统计局的界定，从产业层面来看数字经济包括数字产业化和产业数字化。然而，由于目前仍缺乏测度数字化改革程度的指标，从产业分类的角度并不能识别出产业数字化的发展程度，因此数字产业化的范畴应用更为普遍（李晓华，2019；戴若尘等，2022）。基于此，出于可操作性及数据的可获得性考虑，本书只考虑数字产业化部分，即以归入计算机通信和其他电子设备制造业、电信广播电视和卫星传输服务、互联网和相关服务、软件和信息技术服务业等4个大类行业的中国A股上市公司作为数字企业的代理样本。

2.1.2 技术创新

创新有广义和狭义之分，广义上的创新包括技术创新、理论创新、制度创新、组织创新、市场创新等其他创新，而狭义上的创新特指的是技术创新。熊彼特（1912）在《经济发展理论》中首次提出"创新"概念，认为创新就是把新的生产要素和生产条件的"新组合"引入生产体系，构建新的生产函数。这种"新组合"包括五种类型：开发新产品或改进现有产品、采用新的生产方法、开辟新的市场、获得原材料或半成品新的供给来源、采取新的组织方式。可以发现，熊彼特所提及的"创新"是广义上的创新，不仅包括技术创新，还包括组织创新、市场创新等。此后，随着科学技术的发展，狭义上的技术创新引起理论界的重点关注。Enos（1962）首次从行为集合角度对技术创新给出了明确定义，认为技术创新是发明的选择、资本投入、组织建立、制订计划、招用员工和开辟市场等行为综合的结果。美国国家科学基金会的主要倡议者和参与者Myers和Marquis（1969）在研究报告《成功的工业创新》中认为，技术创新是一个复杂的活动过程，从新思想和新概念开始，通过不断解决各种问题，最终使一个有经济价值和社会价值的新项目得到实际的成功应用。Freeman（1989）认为，新产品、新过程、新系统和新装备等形式在内的技术向商业化实现的首次转化即为技术创新。

从国内研究来看，学者们在继承国外创新理论的基础上，并结合我国现实情况对技术创新的内涵展开了大量研究。代表性的有傅家骥、冯之浚、许庆瑞、吴贵生等。例如，傅家骥（1998）认为技术创新是企业家抓住市场的潜在盈利机会，以获取商业价值为目标，重新组织生产条件和要素，建立起效能更强、效率更高和费用更低的生产经营系统，从而推出新的产品、新的生产（工艺）方法、开辟新的市场、获取新的原材料或半成品供给来源或建立企业的新的组织，它是包括科技、组织、商业和金融等一系列活动的综合过程。冯之浚（1999）指出，创新是一个从思想的产生，到产品设计、试制、生产、营销和市场化的一系列的活动，也是知识的创造、转换和应用的过程，其实质是新技术的产生和应用。许庆瑞（2000）认为，技术创新是指创新的技术能够被应用，生产出能够满足市场需求的商品，涵盖技术的发明、推广和应用等一系列活动的综合过程。吴贵生（2000）提出，技术创新是指由技术创新的新构想，经过研究开发和技术组合，获得实际应用，并产生经济和社会效益的商业化全过程的活动。

综合国内外研究成果，本书认为技术创新是以市场为导向，以提高企业经济效益和社会效益为目标，构思、研发、设计、试制、生产、推广、扩散和应用一项新技术、新工艺或新产品的商业化过程。从价值转换过程看，企业技术创新分为两个阶段：技术创新投入阶段，即将创新资源投入技术研发之中，形成技术创新成果；技术创新产出阶段，即将投入的人力、资金和资本等创新资源转化为成果的能力。内生增长理论认为，研发投入对技术创新具有决定性影响。故此，本书的实证章节重点考察财税政策对数字企业技术创新投入的激励效应。

2.1.3 财税政策

财税政策指的是为实现特定政治、经济和社会发展目标，政府利用财税手段及工具对市场主体行为进行引导和激励的一系列举措。一般认为，主要的财税政策包括政府补贴、税收优惠与政府采购这三大类。其中，政府补贴与税收优惠为供给侧的财税政策，政府采购为需求侧的财税政策。本书研究的是促进数字企业技术创新的财税政策，因此将分别从供给侧政策及需求侧政策出发，探究其对数字企业技术创新的影响。

政府补贴是政府为实现特定的经济社会发展目标，无偿给予企业的财政性资金①。政府补贴是事前激励,表现为充实微观市场主体的现金流,增加微观市场主体的收入和利润。补贴收入具有确定性,且政府及其财政部门会指定与引导收入用途。我国政府补贴的类型丰富、种类繁多、范围广泛。从补贴来源来看,包括中央政府补贴与地方政府补贴。从补贴类型来看,既包括研发补贴等创新类补贴,还包括纳税大户、拆迁补偿、污水处理、财政贴息等非创新类补贴。从补贴时间来看,包括持续性补贴与非持续补贴。

税收优惠是国家通过采取与现行税制基本结构相背离的税收制度给予纳税人的各种优惠性税收待遇,使其税负减轻,进而达到补贴特定纳税人及其活动的目的,是促进和扶持经济发展的一种特殊支出。与政府补贴不同,税收优惠是事后激励,且具有"中性"特征,因而是政府激励企业技术创新的另一重要政策工具。从优惠方式来看,我国税收优惠政策包括减税、免税、延期纳税、退税、加计扣除、加速折旧、减计收入、投资抵免、起征点和免征额等14种形式,这14种形式可以分为直接优惠与间接优惠两种实施方式②。

政府采购是指各级国家机关、事业单位和团体组织,使用财政性资金采购依法制定的集中采购目录以内的或者采购限额标准以上的货物、工程和服务的行为。作为需求侧的政策工具,众多国家利用政府采购支持企业创新活动。按采购产品划分,分为常规采购与创新采购。就区域而言,包括本地采购与异地采购。以国家治理体系为标准,分为中央政府采购与地方政府采购。

2.2 相关理论基础

2.2.1 外部性理论

英国"剑桥学派"的创始人、新古典经济学派的代表马歇尔首次提出外

---

① 需要强调的是,在既有的文献研究中,政府补贴还有不同的表述方式,如政府补助、财政补贴、财政补助等,但它们的核心含义基本一致。为此,本论文将"政府补贴""财政补贴"等概念混同使用,不作严格区分。

② 柳光强. 税收优惠、财政补贴政策的激励效应分析——基于信息不对称理论视角的实证研究[J]. 管理世界, 2016 (10): 62-71.

部性的概念。马歇尔并没有明确界定外部性这一概念,但在他1980年发表的《经济学原理》中首创了"内部经济"与"外部经济"这两个概念。马歇尔指出:"我们可把因任何一种货物的生产规模之扩大而发生的经济分为两类,第一是有赖于这工业的一般发达的经济,第二是有赖于从事这工业的个别企业的资源、组织和效率的经济。我们可称前者为外部经济,后者为内部经济。"他进一步指出:"第一,任何货物的总生产量之增加,一般会增大这样一个代表性企业的规模,因而就会增加它所有的内部经济;第二,总生产量的增加,常会增加它所获得的外部经济,因而使它能花费在比例上较以前更少的劳动和代价来制造货物。"基于马歇尔的论述可见,内部经济是指由企业内部的各种因素所引起的生产成本节约,这些影响因素包括工作热情、工作技能的提高、管理水平的提升等;外部经济是指由企业外部的各种因素所导致的生产费用的减少,这些影响因素包括市场区位、市场容量、地区分布、相关企业的发展水平等。由此可见,内部经济与外部经济分别是由企业内分工和企业间分工而带来效率提高的结果。

随后,马歇尔的嫡传弟子、福利经济学创始人庇古在其代表作《福利经济学》中进一步研究外部性问题。他在马歇尔的概念基础上提出"内部不经济"与"外部不经济"的概念,并首次用边际分析方法从福利经济学的角度,提出社会边际净产值和私人边际净产值,最终形成外部性理论。庇古认为,当边际私人净产值小于边际社会净产值时,该活动给社会带来了有利影响,具有"边际社会收益",即外部经济;反之,当边际社会净产值小于边际私人净产值时,该活动给社会其他人造成损失,具有"边际社会成本",即外部不经济[①]。需要注意的是,庇古的"外部经济"概念与马歇尔的概念存在本质区别。马歇尔的"外部经济"概念强调的是外部对企业活动的影响,而庇古的"外部经济"概念强调的是企业活动对外部的影响。

设 K 为造成外部效应的一方,MC_k 为其从事某种经济活动的边际成本,MB_k 为边际收益,SMB 为边际社会收益。

当 K 的经济活动造成外部经济时,给社会中其他经济单位带来的边际外部收益之和为 MEB,所以社会要求 K 按式(2.1)行事。

[①] 庇古《福利经济学》,中国社会科学出版社,1999。

$$MC_k = MB_k + MEB \tag{2.1}$$

但 K 不会去计算其外部正效应的大小,所以其活动水平会低于理想水平,如图 2.1(a)所示,此时 $Q_k < Q^*$。

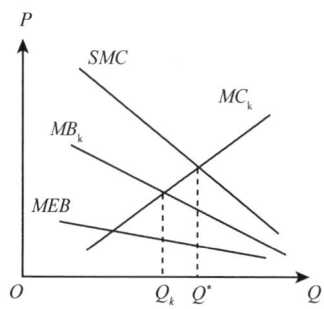
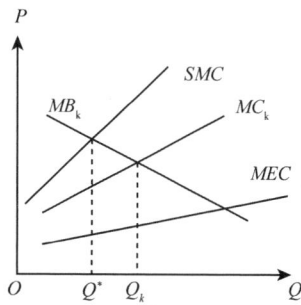

图 2.1(a) 正外部性下的"市场失灵"　　图 2.1(b) 负外部性下的"市场失灵"

当 K 的经济活动造成外部不经济时,给社会中其他经济单位带来的边际外部损害之和为 MEC,所以社会要求 K 按式(2.2)行事。

$$MC_k + MEC = MB_k \tag{2.2}$$

但 K 同样不会去计算其外部负效应的大小,所以其活动水平高出理想水平,如图 2.1(b)所示,此时 $Q_k > Q^*$。

庇古认为,经济活动经常存在外部性问题,造成边际私人成本与边际社会成本、边际私人收益与边际社会收益相背离。在这种情况下,依靠自由竞争不可能实现社会福利的最大化。因此主张政府采取适当的经济政策,消除外部性问题。当存在外部经济时,给予额度为边际外部收益的补贴;反之,当存在外部不经济时,征收税额为边际外部成本的税。通过补贴和征税,将外部效应内部化,从而矫正外部性问题。

就本书研究而言,数字企业的技术创新离不开财税政策的有效支持,这与外部性理论的相关研究结果一致。与一般企业相比,正外部性是数字企业技术创新最突出的特征[①]。首先,数字企业的技术创新能够提高科技竞争力,有利于数字经济产业整体技术水平的提升,进而带动数字经济产业发展。其次,数字企业的技术创新会产生外溢效应,并广泛地渗透到其他行业中,从而有助

---

① 余长林,杨国歌,杜明月. 产业政策与中国数字经济行业技术创新[J]. 统计研究,2021,38(01):51-64.

于推动整体产业结构升级。最后，数字企业的技术创新最终能够促进社会整体生产效率的提高，实现高质量增长[①]。正因为数字企业的技术创新活动具有正外部性，导致数字企业无法独占创新活动带来的全部收益，这会大大降低数字企业开展技术创新的积极性。在这种情形下，为激励数字企业技术创新，需要政府采用补贴、税收优惠等政策进行干预，最终实现社会福利的最大化。因此，外部性理论为本书研究促进我国数字企业技术创新的财税政策提供了重要的理论依据。

2.2.2 信息不对称理论

信息不对称理论最早由美国三位经济学家蒂格利茨（Stiglitz）、阿克洛夫（Akerlof）和斯彭斯（Spence）提出。该理论的核心内容包括：一是，相关交易在交易双方之间的分布是不对称的，即一方比另一方占有较多的相关信息，一方处于信息优势，相对方则处于信息劣势。二是，交易双方对各自在信息占有上的相对地位是非常清楚的。在信息不对称情况下，拥有信息较多的一方会通过"逆向选择"和"道德风险"两种途径在与对方的交易中充分利用自己的信息优势造成市场失灵。其中，逆向选择是指市场交易中的一方无法观察到另一方重要的外生特征时所发生的劣质品驱逐优质品的情形；道德风险或败德行为是指市场交易的一方无法观察到另一方所控制和采取的行动时所发生的知情方故意不采取谨慎行为的情形。

就本书研究而言，由于信息不对称的存在，将导致数字企业的创新活动出现逆向选择和道德风险问题，主要表现如下。

（1）逆向选择问题。与包括潜在投资者在内的其他人相比，发明者对发明创造的成功概率拥有更多的信息。但由于存在信息不对称，潜在投资者为规避风险损失，进而不愿意加大对创新活动的投入，从而出现所谓的"柠檬市场"。此外，通过"充分的信息披露以便有效缓解和解决信息不对称问题"这一传统方式在技术创新领域也受到极大限制。原因在于，发明思想极易遭到模

---

① 荆文君，孙宝文. 数字经济促进经济高质量发展：一个理论分析框架［J］. 经济学家，2019（02）：66 - 73.

仿。因此，数字企业是不愿意将创新性的思想披露给市场的，特别是它们潜在的竞争者。总而言之，由于信息不对称的存在以及缓解信息不对称的高昂代价，企业技术创新活动将出现激励不足现象。

（2）道德风险问题。现代企业的所有权和管理权一般是分离的，当二者的目标不一致时，经典的委托代理问题将出现，这将对企业的投资决策产生重要影响。一般而言，管理者通常热衷于在职消费，而不愿意投资于不确定性较大的创新活动。因此，道德风险问题也将导致数字企业创新水平不足。

综上所述，由于信息不对称，数字企业的创新活动将出现逆向选择和道德风险问题，从而造成数字企业技术创新水平不足。提升数字企业的创新水平离不开国家政策的支持。财政作为国家治理的基础与重要支柱，财税政策对促进数字企业技术创新有重要的激励作用。因此，信息不对称理论为本书研究促进我国数字企业技术创新的财税政策提供了重要的理论依据。

2.2.3 熊彼特增长理论

熊彼特于1912年首次提出创新理论，又于1939年和1942年分别出版《经济周期》与《资本主义、社会主义和民主主义》两部专著，对创新理论加以补充和完善。熊彼特认为，经济发展的本质在于创新，而实际上垄断是资本主义经济技术创新的源泉。

熊彼特1912年的经典著作《经济发展理论》，打破了当时传统的静态分析方法，强调企业家和创新的重要性，认为创新就是把新的生产要素和生产条件的"新组合"引入生产体系，构建新的生产函数。创新一般包含5个方面的内容：一是产品创新，即研发一种新产品或者是已知产品的新系列；二是技术创新，即采用一种新的生产方法，这种新的方法需要建立在新的发现基础之上；三是市场创新，即开辟一个新的市场；四是资源配置创新，即获得原材料或者半成品供给来源的新渠道；五是组织创新，即新产业结构的建立或者是垄断地位的毁灭。

由此可见，熊彼特的创新概念不仅包括技术创新，也包含组织创新、市场创新、产品创新等。他认为，创新是一个经济学概念，而非技术概念，与发明有着本质上的区别。发明只是一个新设想、新思想、新知识，在发明没有应用于经济活动之前，不能给企业带来经济利润，不具有经济价值。然而，创新并不仅是某项单纯的技术或工艺发明，而是将新设想、新思想、新知识应用于经济活动中，能够给企业带来实际的经济利润，并对原有生产体系产生震荡效应，才是"创新"。

熊彼特对于创新理论的贡献在于，他是研究市场结构与技术创新关系的开创者。在当时，绝大多数经济学家都支持完全竞争市场的高效率，对垄断企业加以排斥。他们认为，在完全竞争市场下，企业在追求自身利润最大化的过程中，资源的分配最终都是有效率的。熊彼特却指出，在完全竞争的市场环境下，企业生产的都是相同的产品，企业之间的竞争仅仅是价格竞争。在这种情况下，企业缺乏技术创新的动力。此外，技术创新具有高投入、高风险、周期长等特征，完全竞争企业的规模有限、实力不强，难以开展技术创新。然而，大的垄断企业由于规模庞大、实力较强，有足够的能力承担技术创新高昂的沉没成本。因此，垄断有助于企业技术创新，完全竞争的市场结构反而会造成技术效率的低下。

熊彼特增长理论是本书的重要理论基础。该理论认为，创新是把新的生产要素和生产条件的"新组合"引入生产体系并构建新的生产函数，是推动经济发展的内在力量。在数字经济时代，数据成为新的关键生产要素，数字技术创新成为数字经济发展的核心驱动力，这与熊彼特增长理论的研究成果一致。此外，该理论指出，企业技术创新具有高投入、高风险等特征。与一般企业相比，数字企业的技术创新活动不确定性更高、风险更大。此时，政府通过财税政策支持数字企业，不仅能够缓解企业资源有限的压力，还可以降低技术创新活动的风险，从而促进数字企业技术创新。因此，熊彼特增长理论为本书研究促进我国数字企业技术创新的财税政策提供了重要的理论依据。

2.3 财税政策影响数字企业技术创新的数理分析

2.3.1 熊彼特增长模型

熊彼特增长模型主要包括早期内生熊彼特增长模型、半内生熊彼特增长模型和完全内生熊彼特增长模型。由于早期内生熊彼特增长模型与半内生熊彼特增长模型未能很好地描述和解释现实经济,故本书主要介绍完全内生熊彼特增长模型。

根据 Howitt(1999)等研究,本书做出如下假设:(1)研发部门包括水平创新和垂直创新两类部门;(2)经济增长率取决于水平创新和垂直创新的速度;(3)政府政策通过总产出作用于经济增长。设定的总产出函数如式(2.3)所示。

$$Y = \left[\int_0^Q (A_i X_i)^{1/\theta} di\right]^{\theta} \tag{2.3}$$

其中,Y 代表总产出,Q 代表中间物品的种类,A_i 代表第 i 种中间物品的生产效率,X_i 代表第 i 种中间物品的数量,θ 是中间物品的替代弹性。

沿袭 Jones(1999)的思路,本书假定水平创新和垂直创新的积累方程如式(2.4)和式(2.5)所示。

$$Q = \eta L \tag{2.4}$$

$$\overset{\circ}{A}_i = \delta L_{A_i} A \tag{2.5}$$

其中,L_{A_i} 代表用于第 i 个垂直创新部门的劳动力数量,A 代表平均的质量水平,且 $A = \int_0^Q (A_i/Q) di$。根据对称性原则,容易得到以下方程。

$$Y = Q^{\theta} A L_X \tag{2.6}$$

根据式(2.4),水平创新的速度与劳动力增加的速度一致。本书假设劳动力中用于垂直创新的比例为 s,用于生产中间物品的劳动力比例为 $1-s$,因此,得到式(2.7)和式(2.8)。

$$sL = \int_0^Q L_{A_i} di \tag{2.7}$$

$$(1-s)L = \int_0^Q L_{X_i} di \tag{2.8}$$

根据式(2.4)至式(2.8),当经济发展处于平衡增长路径时,经济增长率的计算式如下。

$$\gamma = (\theta - 1)n + \delta \eta^{-1} s^* \tag{2.9}$$

其中,γ 代表增长率,n 代表人口增长,s^* 代表平衡增长路径上劳动力用于垂直创新部门的比例。

式（2.9）表明，即使没有人口的增长，经济增长也能够持续。此外，政府可以通过影响劳动力在不同部门的流动与配置，进而影响经济增长。

2.3.2 政府补贴影响数字企业技术创新的数理分析

参考郭玥（2018）等相关研究，假设经济活动中含有政府、企业和外部投资者三类市场主体。现存在某项研发项目，总的资金总额为 I。假设某企业的研发资金为 I_p，且难以完全满足研发项目所需的资金，即 $I_p < I$。因此，为执行该研发项目，企业需要寻求外部支持，如政府补贴或者外部投资者扶持。一般地，如果研发项目成功，则收益为正；如果研发项目失败，则收益为零。假设资本收益率为 φ。

根据企业的技术创新水平，将企业划分为高能力企业（H 企业）和低能力企业（L 企业），且企业的研发创新能力为私人信息。假设 H 企业的占比为 p，L 企业的占比则为 $(1-p)$。R_i 表示类型为 i 企业参与研发项目后获得的收益，λ_i 为研发项目成功的概率。其中，$i \in \{H, L\}$，且 $\lambda_H > \lambda_L$，即高能力企业的研发成功概率高于低能力企业的研发成功概率。

（1）无政府补贴情形下的各主体决策模型

由于企业的研发创新能力为私人信息，因此外部投资者无法完全识别企业的能力类型。但 H 企业的占比为 p、L 企业的占比为 $(1-p)$ 等信息是已知的。因此，对于外部投资者而言，其先验概率 $\overline{\lambda} = p\lambda_H + (1-p)\lambda_L$。研发项目成功后，总收益 $R_i = R_i^E + R_i^F$，其中，R_i^E 表示企业的收益，R_i^F 表示外部投资者的收益。此时，企业执行该研发项目的预算约束可以表示为式（2.10）。

$$\lambda_i R_i^E \geq \varphi I_p \tag{2.10}$$

相应地，外部投资者的参与约束可以表示为式（2.11）。

$$\overline{\lambda} R_i^F \geq \varphi I_f \tag{2.11}$$

其中，I_f 表示外部投资者的资金投入。

假设低能力企业会承诺给外部投资者更高的收益率，即 $R_H^F \leq R_L^F$。那么，结合式（2.10）与式（2.11），容易得到式（2.12）。

$$\varphi(I - I_p)/\overline{\lambda} \leq R_H - \varphi I_p/\lambda_H \tag{2.12}$$

最终，得到无政府补贴情形下企业研发投入的上限表达式如式（2.13）所示。

$$I \leq \overline{I} \equiv I_p + \overline{\lambda}(R_H/\varphi - I_p/\lambda_H) \tag{2.13}$$

总之，在无政府补贴情形下，企业的研发投入总额小于社会最优水平。

（2）有政府补贴情形下的各主体决策模型

假设政府对于研发项目的补贴金额为 S，企业申请政府补贴时会产生申请成本 C_i^s。一般认为，高能力企业的申请成本会低于低能力企业的申请成本，即满足 $C_H^s < C_L^s$。此外，在经济理性人的假设下，会进一步满足 $C_H^s < C_L^s \leq S$。此外，进一步假设企业申请政府补贴的概率为 ϑ_i，政府可以识别出企业能力的概率为 ρ。那么，如果研究项目被执行，研发投入表达式如式（2.14）所示。

$$I = I_p + I_{fs} + (S - C_i^s) \tag{2.14}$$

其中，I_{fs} 表示有政府补贴情形下外部投资者的投资额。

此外，外部投资者会通过政府补贴发出的积极信号采取相应投资策略，使用贝叶斯法则得到的后验概率具体如式（2.15）所示。

$$\overline{\lambda}_s = p(H/S)\lambda_H + [1 - p(H/S)]\lambda_L \tag{2.15}$$

其中，$p(H/S) = p\rho/[p\rho + (1-p)\vartheta_L(1-\rho)]$。

外部投资者的参与约束表达式如式（2.16）所示。

$$\overline{\lambda}_s R_i^F \geq \varphi I_{fs} \tag{2.16}$$

结合式（2.10）与式（2.16），能够得到式（2.17）。

$$\varphi[I - I_p(S - C_L^s)]/\overline{\lambda}_s \leq R_H - \varphi I_p/\lambda_H \tag{2.17}$$

最终，得到有政府补贴情形下企业研发投入的上限具体如式（2.18）所示。

$$I \leq \overline{I}_s \equiv [I_p + (S - C_L^s)]\overline{\lambda}_s(R_H/\varphi - I_p/\lambda_H) \tag{2.18}$$

进一步比较式（2.13）与式（2.18），得到式（2.19）。

$$\overline{I}_s - \overline{I} = (S - C_L^s) + (\overline{\lambda}_s - \overline{\lambda})(R_H/\varphi - I_p/\lambda_H) \tag{2.19}$$

上述表达式意味着，政府补贴不仅能够增加数字企业的研发投入，而且能够增加外部投资者对数字企业的投资。

2.3.3 税收优惠影响数字企业技术创新的数理分析

数字企业的研发创新是数字企业的一项重要投资决策行为。因此，本部分从理论上分析税收优惠与企业投资决策的关系。

（1）在没有税收情形下的企业投资决策模型

假设 C 资本使用者成本①，r 为融资成本，δ 为经济折旧率，q 为单位资产的购买价格，则资本使用者成本可以由式（2.20）反映。

$$C = q(r+\delta) \tag{2.20}$$

其中，融资成本由两部分组成，一是债券融资支付的利息 i，二是股票融资支付的股权成本 ρ。假设不考虑其他融资方式，且债券融资方式的比例为 β，股权融资的比例为 $(1-\beta)$，因此，融资成本可用式（2.21）反映。

$$r = \beta i + (1-\beta)\rho \tag{2.21}$$

根据新古典投资理论，企业投资决策将按照资本要素的边际产品价值等于资本使用者成本的原则给出，即满足式（2.22）。

$$P \times MP_k = q \times (r+\delta) \tag{2.22}$$

其中，MP_k 为资本要素的边际产量，P 为该厂商生产产品的价格。

上述理论分析表明，如果资本使用者成本较低，数字企业将扩大资本使用量，直至资本的边际产量递减并满足式（2.22）。

（2）在有税收情形下的企业投资决策模型

在引入税收后，企业的资本使用者成本将发生明显变化。假设企业所得税税率为 t_c。根据税法的一般规定，符合条件的利息支出能够税前扣除，从而降低融资成本，最终降低资本使用者的成本，具体如式（2.23）所示。

$$r = \beta i(1-t_c) + (1-\beta)\rho \tag{2.23}$$

进一步地，如果实施固定资产加速折旧办法后，企业每年的折旧额假设为 D^n，n 表示第 n 年。按照税法规定，符合条件的折旧额可以税前扣除。那么，固定资产加速折旧等税收优惠将进一步降低资本使用者成本，降为 $q(1-\phi)$，其中，ϕ 为加速折旧导致的税收优惠现值，具体表达式如式

---

① 资本使用者成本指的是放弃其他投资的机会成本和诸如折旧、税收等直接成本。

(2.24) 所示。

$$\phi = \sum_{n=1}^{T} (t \times D^n)/(1+\gamma)^n \tag{2.24}$$

在利率 γ 下，折旧费用的税收优惠现值之和具体如式 (2.25) 所示。

$$\phi = \sum_{n=1}^{T} [t_c \times \lambda(1-\lambda)^{n-1}]/(1+\gamma)^n \tag{2.25}$$

其中，λ 表示折旧率。利用无穷递减等比级数简化的求和公式可以得到式 (2.26)。

$$\phi = \sum_{n=1}^{T} [t_c \times \lambda(1-\lambda)^{n-1}]/[(1+\gamma)^{n-1}(1+\gamma)] = t_c\lambda/(\gamma+\lambda) \tag{2.26}$$

因此，税后的资本使用者成本进一步下降为 $q[1 - t_c\lambda/(\gamma+\lambda)]$。

上述理论分析表明，加速折旧等税收优惠能够降低资本使用者成本，进而激励数字企业加大投入。

2.3.4 政府采购影响数字企业技术创新的数理分析

现代经济学将总需求分解为三部分：消费（C）、投资（I）和政府支出（G），其中，政府支出主要由购买性支出与转移性支出构成，且政府采购是购买性支出的主要组成部分。

在经典的凯恩斯收入决定模型中，总产出等于总需求。具体如式 (2.27) 所示。

$$Y = AD = C + I + G \tag{2.27}$$

消费函数的表达式如式 (2.28) 所示。

$$C = \alpha + \beta(Y - T + TR) \tag{2.28}$$

其中，α 代表自发消费，β 代表边际消费倾向，且满足 $0 < \beta < 1$，T 代表税收，TR 代表转移支付。

结合式 (2.27) 与式 (2.28)，容易得到，均衡收入水平具体如式 (2.29) 所示。

$$Y = (\alpha + \beta TR + I + G - \beta T)/(1-\beta) \tag{2.29}$$

进一步可得到政府支出乘数如式 (2.30) 所示。

$$K_G = 1/(1-\beta) \tag{2.30}$$

因为 $0<\beta<1$，可知政府支出乘数满足 $K_G>1$。因此，当政府购买增加时，总需求也随之增加，并通过乘数效应扩张，从而对企业研发投资产生重要影响。

上述理论分析表明，作为政府支出的重要组成部分，政府采购可以从需求端影响数字企业的投资决策。

3 我国数字企业技术创新现状及相关财税政策分析

创新是引领发展的第一动力。作为技术创新的主体，数字企业的创新发展对于实现数字经济高质量发展至关重要。为更好发挥政府在创新发展中的积极作用，我国政府陆续制定了一系列支持数字企业技术创新的财税政策。本章对我国数字企业技术创新现状进行分析，并对促进我国数字企业技术创新的财税政策进行归纳和总结。

3.1 我国数字企业技术创新现状

本节基于国泰安 CSMAR 和 WIND 数据库，从创新投入和创新产出两个维度分别探讨我国数字企业技术创新的总体状况、区域特征、行业特征及企业特征，以此反映我国数字企业技术创新现状[①]。在创新投入方面，本节综合选取研发支出、研发人员等指标衡量数字企业研发投入水平。在创新产出方面，本节选取专利申请量指标来衡量数字企业研发产出水平。此外，本节进一步关注发明专利申请量情况，以此反映我国数字企业"质量"创新状况。

3.1.1 数字企业技术创新的总体状况

（1）创新投入现状

近年来，随着数字经济的快速发展，数字企业不断增加创新投入以提升自身创新水平。图 3.1 显示了 2012～2022 年我国数字企业研发支出状况。从绝

---

① 第 2 章已介绍数字企业选择的相关说明，对此不再赘述。

对规模来看，我国数字企业的研发支出规模持续增长，2022年增长至2860亿元，是2012年的8.6倍，年均增长率高达69.22%。从相对规模来看，我国数字企业研发支出强度总体呈现稳步上升趋势①。如图3.1所示，除2016年和2017年外，我国数字企业的研发支出强度不断攀升，2022年研发支出强度高达11.7%。

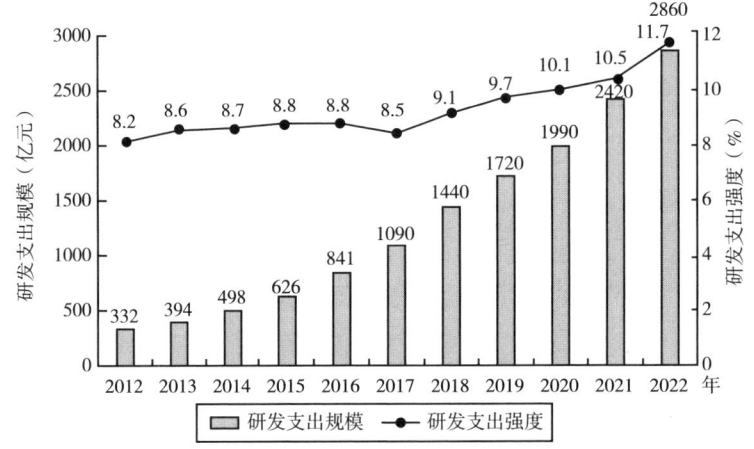

图3.1　2012～2022年我国数字企业研发支出状况

数据来源：国泰安CSMAR和WIND数据库，并经作者整理所得。

图3.2列示了2015～2022年我国数字企业研发人员状况。从绝对规模来看，我国数字企业研发人员数量持续增长，由2015年的26.2万人增长至2022年的77.9万人，年均增长率接近25%。从相对规模来看，除2021年出现小幅下降外，我国数字企业的研发人员占比持续增长，由2015年的26.9%增长至2022年的31%。

（2）创新产出现状

近年来，随着数字企业创新投入的持续增长，创新产出也呈现增长的趋势。图3.3反映了2012～2021年我国数字企业创新产出总体情况。如图所示，我国数字企业的专利申请量在绝对数量上处于稳步增长态势，但增速波动幅度较大。具体而言，我国数字企业的专利申请量由2012年的15504件增长至

---

① 研发支出强度＝研发支出/营业收入×100%，本章下同。

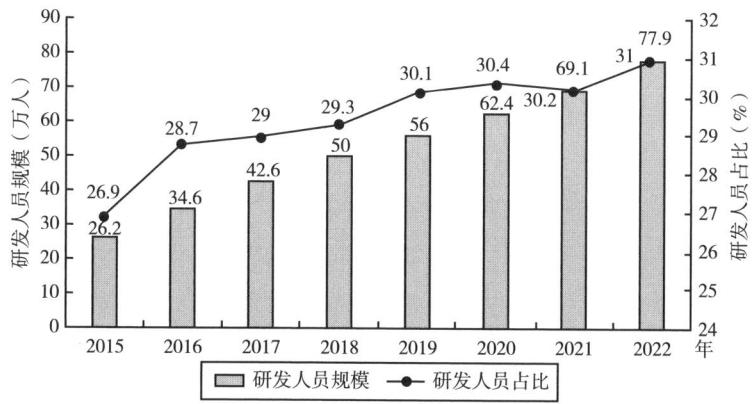

图 3.2　2015～2022 年我国数字企业研发人员状况

数据来源：国泰安 CSMAR 和 WIND 数据库，并经作者整理所得。

2021 年的 67370 件。从同比增速情况来看，2013～2017 年，我国数字企业的专利申请量增速不断上涨，于 2017 年达到最大值 36.20%，此后出现大幅下降，并于 2021 年下降至最小值 5.96%。总体来看，我国数字企业的创新产出增速虽有所波动，但产出总量却呈现持续上升趋势。

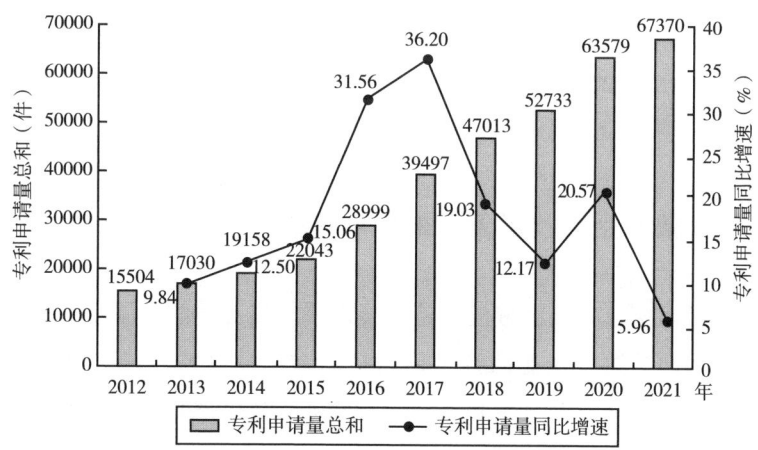

图 3.3　2012～2021 年我国数字企业专利申请总体状况

数据来源：国泰安 CSMAR 和 WIND 数据库，并经作者整理所得。

图 3.4 显示了 2012～2021 年我国数字企业三类专利申请量状况。从纵向比较来看，企业的发明专利、实用新型和外观设计在绝对数量上呈现稳步增长

的态势。其中，发明专利的增速最快，十年间平均增长率高达36.56%。如图所示，发明专利申请量由2012年的8049件增加至2021年的37476件；实用新型专利申请量由2012年的6012件增加至2021年的24275件，年均增长率为30.38%；外观设计专利申请量由2012年的1443件增加至2021年的5619件，年均增长率为28.94%。从横向比较来看，发明专利、实用新型和外观设计占专利申请量比重呈现较大的差异性。其中，最能衡量企业实质性创新的发明专利占比最高，年均占比高达55.12%；实用新型专利次之，年均占比为35.89%；而创新质量较低的外观设计专利占比最低，年均占比仅为8.99%。这也说明了我国数字企业较为重视"质量"创新，而非"数量"创新。

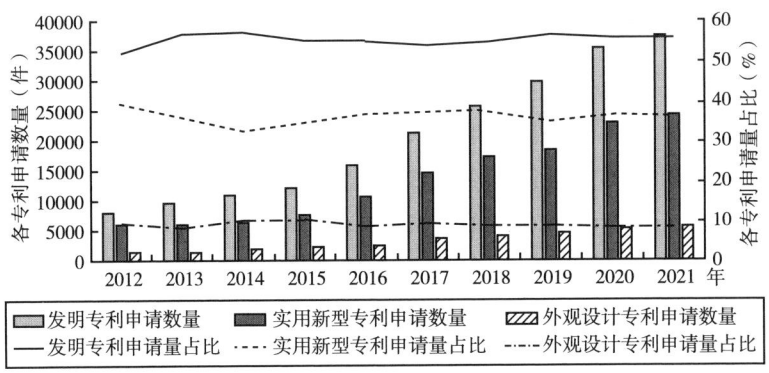

图3.4　2012~2021年我国数字企业专利申请状况：分不同类型比较

数据来源：国泰安CSMAR和WIND数据库，并经作者整理所得。

3.1.2　数字企业技术创新的区域特征

我国幅员辽阔，不同区域的经济发展水平、资源禀赋、制度环境等存在显著的差异。因此，数字企业的技术创新行为在不同区域可能表现出不同的特征。基于此，本书分南北区域和不同城市群考察各区域数字企业的创新投入与创新产出状况。

1. 分南北区域

（1）创新投入现状

图3.5分南北区域比较2012~2022年我国数字企业研发支出的变化趋势。从绝对规模情况来看，南方地区和北方地区的研发支出规模稳步上升。具体而

言，南方地区的研发支出规模由 2012 年的 208 亿元增加至 2022 年的 1950 亿元，年均增速高达 76.14%；北方地区的研发支出规模由 2012 年的 122 亿元增加至 2022 年的 911 亿元，年均增速为 58.79%。从相对规模情况来看，两个地区的研发支出强度总体呈现上升趋势，但是南方地区的研发强度明显低于北方地区。如图所示，南方地区的研发强度由 2012 年的 7.49% 上升至 2022 年的 11.03%，北方地区由 2012 年的 9.8% 上升至 2022 年的 16.65%。

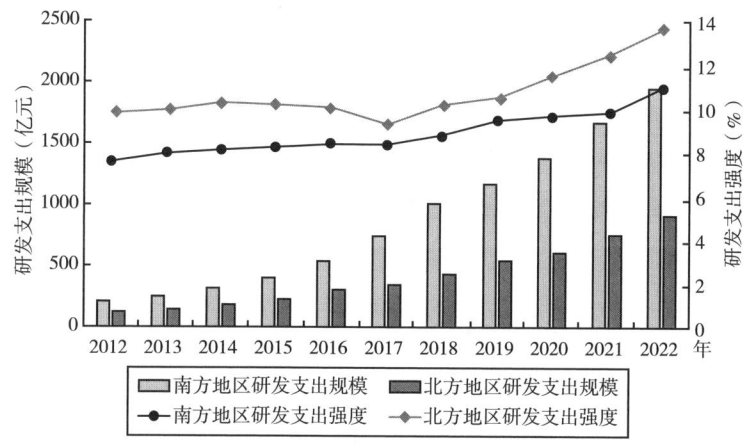

图 3.5　2012～2022 年数字企业研发支出状况：分南北区域比较

数据来源：国泰安 CSMAR 和 WIND 数据库，并经作者整理所得。

图 3.6 分南北区域比较了 2015～2022 年我国数字企业研发人员的变化趋势。从绝对规模情况来看，南方地区和北方地区的研发人员数量稳步增长，且两个地区的增速较为接近。由图可知，南方地区的研发人员数量由 2015 年的 17.7 万人增加至 2022 年的 53.16 万人，年均增速达到 25%；北方地区的研发人员数量由 2015 年的 8.51 万人增加至 2022 年的 24.69 万人，年均增速为 24%。从相对规模情况来看，南方地区的研发人员占比呈现不断增长的趋势，由 2015 年的 24.73% 增长至 2022 年的 29.94%；而北方地区的研发人员占比在样本期内出现小幅度的波动，由 2015 年的 31.86% 增长至 2017 年的最大值 35.1%，后续五年稳定在 34% 水平左右①。

---

① 需要说明的是，南（北）方数字企业的研发人员占比是指南（北）方数字企业研发人员数量占南（北）方数字企业员工数量的比重。

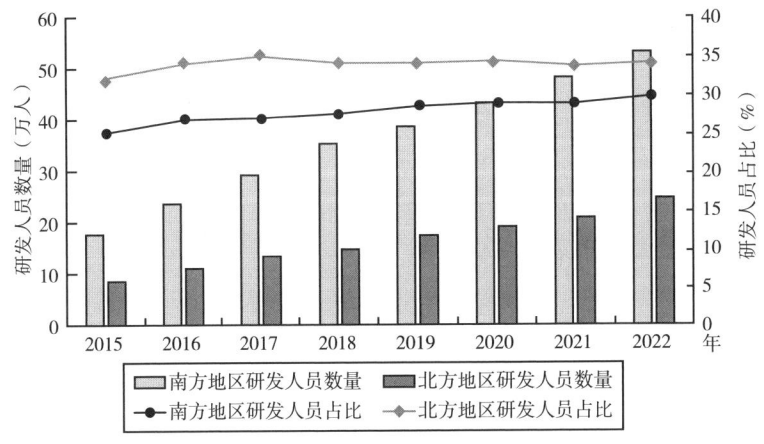

图 3.6 2015~2022 年数字企业研发人员状况：分南北区域比较

数据来源：国泰安 CSMAR 和 WIND 数据库，并经作者整理所得。

（2）创新产出现状

图 3.7 分南北区域对比了 2012~2021 年我国数字企业创新产出的变化趋势。从专利申请总量情况来看，南方地区和北方地区总体保持上升的趋势。截至 2021 年，南方地区专利申请量近 5 万件，北方地区申请量为 1.7 万件，分别是 2012 年的 4.9 倍和 3.2 倍。可见南方地区和北方地区企业不断增加的研发投入为企业带来了创新产出的增加。此外，本书还进一步关注两大区域的发明专利申请量占比情况①。如图所示，2012~2021 年，北方地区的发明专利申请量占比一直高于南方地区。

2. 分不同城市群

（1）创新投入现状

图 3.8 分不同城市群比较了 2012~2022 年我国数字企业研发支出状况的变化趋势。从研发支出规模情况来看，五大城市群数字企业的研发支出规模持续增长。其中，京津冀、长三角和珠三角三大城市群在样本期内累计研发支出规模分别为 3465 亿元、3721 亿元和 3852 亿元，占五大城市群的比重高达 89%。这充分说明京津冀、长三角和珠三角是我国数字经济的重点发展区域，是数字经济创新

---

① 需要说明的是，南（北）方数字企业的发明专利申请量占比是指南（北）方数字企业发明专利申请量占南（北）方数字企业专利申请量的比重。

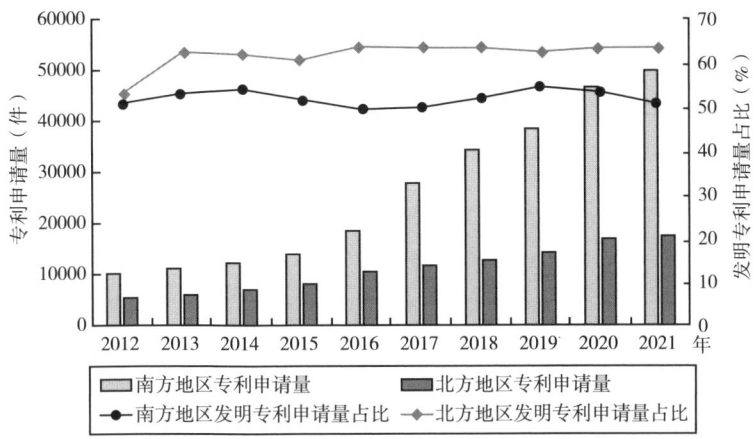

图 3.7　2012~2021 年数字企业创新产出状况：分南北区域比较

数据来源：国泰安 CSMAR 和 WIND 数据库，并经作者整理所得。

活力的关键所在。从研发支出强度来看，五大城市群的研发强度整体呈现上升趋势。京津冀城市群的研发强度由 2012 年的 11.36% 增长至 2022 年的 14.88%，十一年间均位于五大城市群首位。长三角城市群的研发强度由 2012 年的 7.43% 增长至 2022 年的 12.14%，在五大城市群中增长最为快速，增长了 4.71%。长江中游城市群的研发强度由 2012 年的 6.93% 增加至 2022 年的 9.27%，需要指出的是，2022 年长江中游城市群的研发强度在五大城市群中倒数第一。

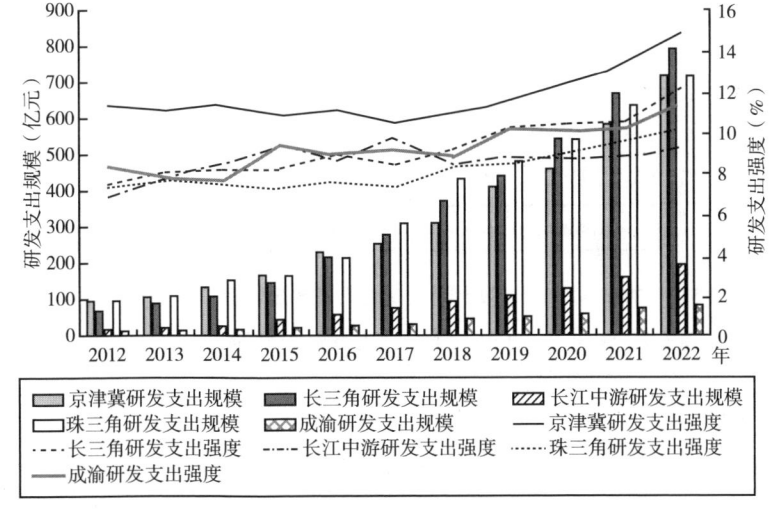

图 3.8　2012~2022 年数字企业研发支出状况：分不同城市群比较

数据来源：国泰安 CSMAR 和 WIND 数据库，并经作者整理所得。

图 3.9 和图 3.10 分不同城市群列示了 2015~2022 年数字企业研发人员状况的变化趋势。从研发人员数量情况来看，五大城市群的研发人员数量总体呈现增长的趋势，尤其是京津冀、珠三角和长三角三大城市群。截至 2022 年，珠三角、京津冀、长三角的研发人员数量分别高达 19 万人、21 万人和 20 万人，这三大城市群的研发人员数量占五大城市群总量的 90% 以上。从研发人员占比情况来看，五大城市群的研发人员数量占比整体呈现上升趋势。其中，京津冀城市群由 2015 年的 32.68% 增加至 2022 年的 36.42%，十一年间均位于五大城市群首位；长三角城市群由 2015 年的 27.04% 增加至 2022 年的 32.01%；长江中游城市群的研发人员数量占比呈现较大的波动，自 2016 年达到最大值后出现连续下降，2019 年降至最低值 22.74%；珠三角城市群的研发人员数量占比保持稳步上涨的趋势，由 2015 年的 21.45% 增加至 2022 年的 27.44%；成渝城市群的研发人员数量占比由 2012 年的 28.98% 增加至 2022 年的 32.79%[①]。

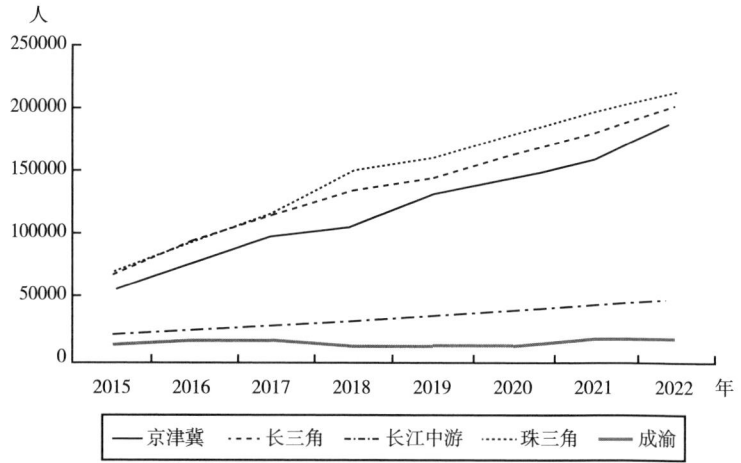

图 3.9 2015~2022 年数字企业研发人员数量：分不同城市群比较

数据来源：国泰安 CSMAR 和 WIND 数据库，并经作者整理所得。

---

① 需要说明的是，各城市群数字企业的研发人员占比是指各城市群数字企业研发人员数量占该城市群数字企业员工数量的比重。

3 我国数字企业技术创新现状及相关财税政策分析

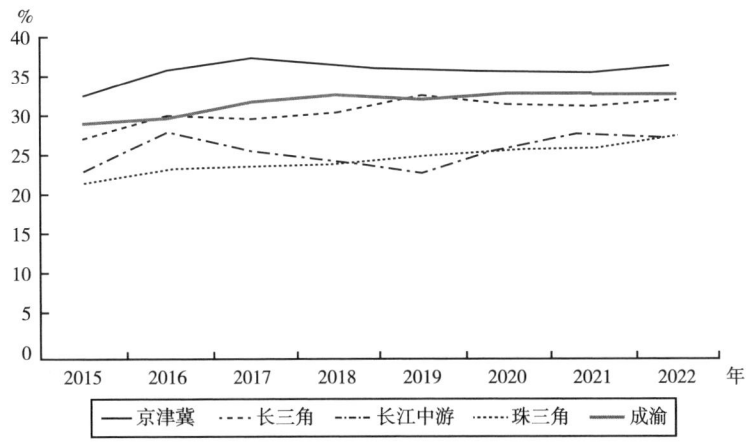

图 3.10 2015～2022 年数字企业研发人员占比状况：分不同城市群比较

数据来源：国泰安 CSMAR 和 WIND 数据库，并经作者整理所得。

（2）创新产出现状

图 3.11 分不同城市群比较 2012～2021 年我国数字企业创新产出的变化趋势。如图所示，珠三角城市群的专利申请量增速最快，由 2012 年的 4940 件增长至 2021 年的 21412 件，增长了三倍之多。长三角城市群的专利申请量增长也较为快速，由 2012 年的 2432 件增长至 2021 年的 16438 件，仅次于珠三角地区。京津冀城市群的专利申请量也呈现不断上升的趋势，由 2012 年的 2825 件增长至 2021 年的 11148 件。长江中游城市群的专利申请量也实现了一定的增长，2012 年在五大城市群中处于倒数第一水平，后于 2016 年超过成渝城市群，并于 2021 年达到 5485 件。成渝城市群的专利申请量增速最为缓慢，由 2012 年的 1142 件增长至 2021 年的 2336 件，在五大城市群中居于末尾。

3.1.3 数字企业技术创新的行业特征

企业技术创新活动具有鲜明的行业特征，数字企业也不例外。根据前文所述，数字经济核心产业主要包括国民经济行业分类中的计算机通信和其他电子设备制造业、电信广播电视和卫星传输服务、互联网和相关服务、软件和信息

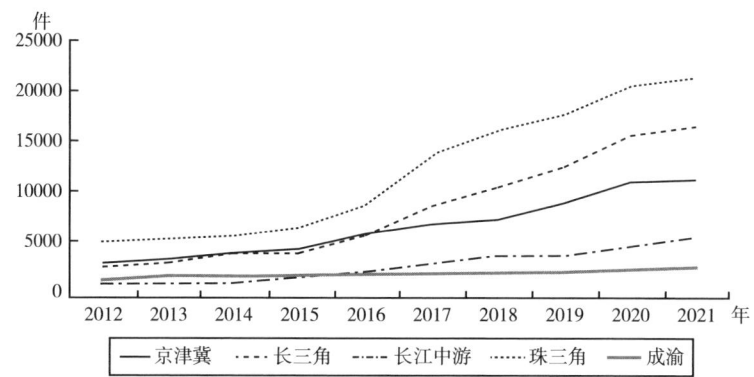

图 3.11　2012～2021 年数字企业专利申请状况：分不同城市群比较

数据来源：国泰安 CSMAR 和 WIND 数据库，并经作者整理所得。

技术服务业等 4 个大类行业。因此，本节重点考察这四大类行业的数字企业创新投入与创新产出状况[①]。

1. 创新投入现状

图 3.12 分不同行业对比了 2012～2022 年我国数字企业研发支出的变化趋势。从绝对值来看，四个行业的研发支出规模均呈现持续增长的趋势。其中，计算机通信和其他电子设备制造业的研发支出规模在四个行业中占比最高，截至 2022 年，其研发支出规模达到 1740 亿元，超过其他行业的总和。从相对值来看，四个行业的研发强度总体保持增长的趋势。如图所示，样本期内软件和信息技术服务业的企业研发强度均显著高于其他行业，除 2014 年、2016 年和 2017 年外，其他年份均保持稳定增长的趋势，并于 2022 年达到最高值 15.99%。这可能与我国近些年针对软件行业推出大量的税收优惠政策有关。计算机通信和其他电子设备制造业的研发强度除 2017 年出现小幅度的下降外，其他年份均表现出稳定增长的趋势，并于 2022 年超过互联网和相关服务业，研发强度达到 9.68%。

---

① 根据国家统计局《国民经济行业分类》（GB/T4754—2017）的统计分类，C39 代表计算机通信和其他电子设备制造业，I65 代表软件和信息技术服务业，I64 代表互联网和相关服务，I63 代表电信广播电视和卫星传输服务。

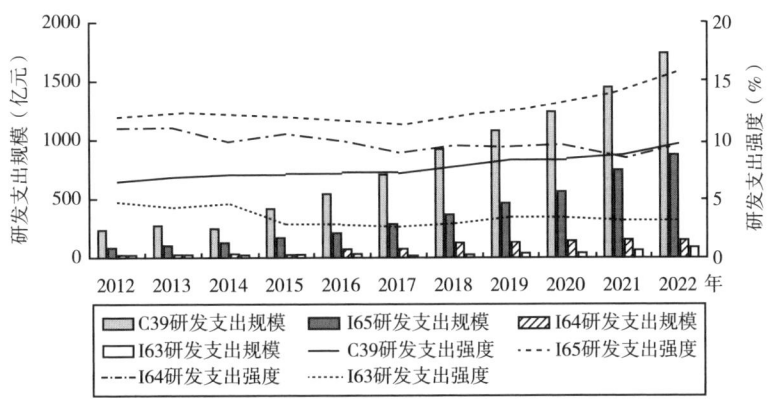

图 3.12　2012～2022 年数字企业研发支出状况：分不同行业比较

数据来源：国泰安 CSMAR 和 WIND 数据库，并经作者整理所得。

图 3.13 分不同行业对比了 2012～2022 年我国数字企业研发人员的变化趋势。从绝对规模情况来看，四个行业的研发人员数量均呈现增长的态势。其中，计算机通信和其他电子设备制造业的研发人员数量显著高于其他行业。从研发人员占比情况来看，四个行业的研发人员占比呈现出较大的差异性。软件和信息技术服务业在四个行业中最高，年均占比接近 40%。互联网和相关服务的研发人员由 2015 年的 41.04% 下降至 2022 年的 32.25%，年均占比为 36%，位列第二。计算机通信和其他电子设备制造业的研发人员数量虽然最高，但研发人员占比却不高，年均占比仅为 23%[①]。

2. 创新产出现状

表 3.1 显示了 2012～2021 年我国不同行业的数字企业专利申请量。如表所示，计算机通信和其他电子设备制造业的专利申请量在四个行业中遥遥领先，并且保持稳定增长的趋势。2012 年，计算机通信和其他电子设备制造业的专利申请量为 13536 件，2021 年该数值达到 49364 件。此外，计算机通信和其他电子设备制造业的专利申请量在四个行业中占比高达 73.27%，是其他行业的 2.74 倍。在数字经济核心产业中，互联网和相关服务的企业专利申请量增长最为快速，由 2012 年 93 件增长至 2021 年的 2316 件，增长了近 25 倍。

---

① 需要说明的是，各行业数字企业的研发人员占比是指各行业研发人员数量占该行业员工数量的比重。

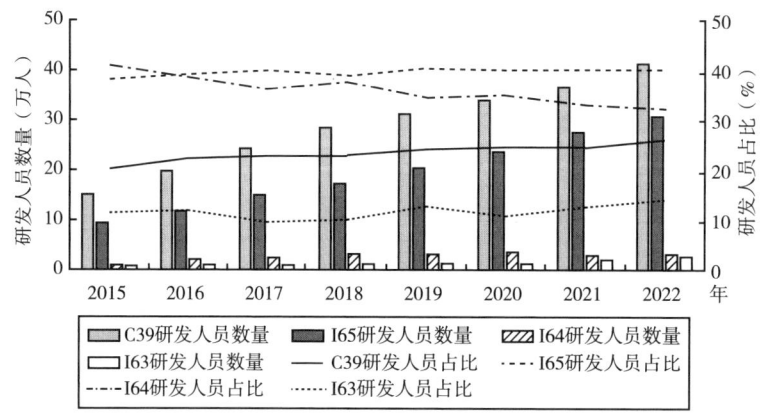

图 3.13　2012~2022 年数字企业研发人员状况：分不同行业比较

数据来源：国泰安 CSMAR 和 WIND 数据库，并经作者整理所得。

表 3.1　　　2012~2021 年数字企业专利申请量：分不同行业比较　　　单位：件

年份	计算机通信和其他电子设备制造业	软件和信息技术服务业	互联网和相关服务	电信广播电视和卫星传输服务
2012	13536	1492	93	383
2013	14026	2054	526	424
2014	15500	2641	394	623
2015	17528	3175	770	570
2016	23349	4417	638	595
2017	31931	5984	876	706
2018	37444	7498	1382	689
2019	40458	10349	1141	785
2020	48351	12543	1873	812
2021	49364	14220	2316	1470

数据来源：国泰安 CSMAR 和 WIND 数据库，并经作者整理所得。

图 3.14 反映了我国不同行业的数字企业发明专利申请量占比情况[①]。如图所示，电信广播电视和卫星传输服务的发明专利申请量占比最高，2015 年达到最高值 92.11%，年均占比高达 84.21%。这表明，电信广播电视和卫星传

[①] 需要说明的是，各行业数字企业的发明专利申请量占比是指各行业发明专利申请量占该行业专利申请量的比重。

输服务企业非常重视发明专利申请。互联网和相关服务企业的发明专利申请量占比波动幅度较大,由 2012 年的 93.55% 下降至 2017 年的 42.63%。软件和信息技术服务业、计算机通信和其他电子设备制造业的发明专利申请量占比表现得较为平稳。其中,软件和信息技术服务业的专利申请量占比总体保持在 67%~73%,计算机通信和其他电子设备制造业的发明专利占比在四个行业中最低,年均占比只有 51.06%。综上可知,我国数字企业的发明专利申请量占比呈现出明显的行业异质性特征。

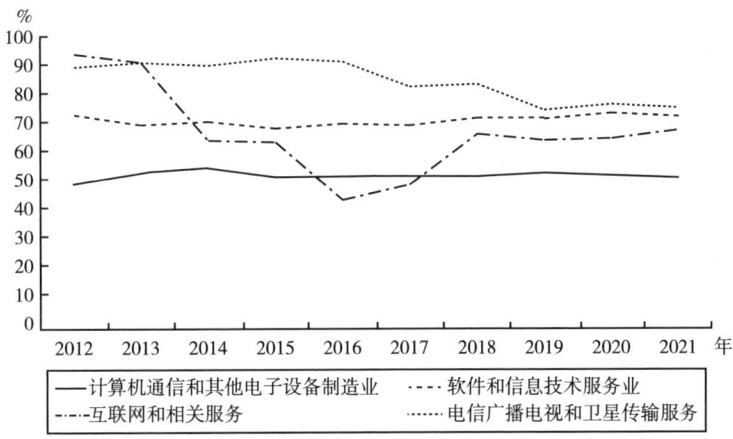

图 3.14　2012~2021 年不同行业的数字企业发明专利申请量占比

数据来源:国泰安 CSMAR 和 WIND 数据库,并经作者整理所得。

3.1.4　数字企业技术创新的企业特征

由于不同企业所有制和不同生命周期的数字企业在资源获取、融资约束、研发能力等方面差异显著,因此导致它们在技术创新活动中存在明显的异质性。基于此,本节分别从企业所有制和不同生命周期角度,进一步探讨数字企业技术创新的异质性特征。一是根据企业所有制的不同,将数字企业划分为国有企业和非国有企业;二是根据不同生命周期,将数字企业划分为成长期企业、成熟期企业和衰退期企业[①]。

---

① 本书采取现金流模式法对企业生命周期进行划分,具体划分方法请参见 Dickinson(2011)、刘诗源等(2020)。

1. 分企业所有制
(1) 创新投入现状

图 3.15 分企业所有制比较了 2012~2021 年我国数字经济研发支出状况①。从研发支出规模来看，国有企业与非国有企业的研发支出规模均呈现稳步增长的趋势，但非国有企业的增速明显高于国有企业。如图 3.15 所示，国有企业的研发支出规模由 2012 年的 161 亿元增长至 2021 年的 676 亿元，年均增速为 32%，而非国有企业的研发支出规模由 2012 年 165 亿元增长至 2021 年的 1550 亿元，年均增速高达 84%。从研发支出强度来看，国有企业与非国有企业的研发支出强度虽出现一定的波动，但大致保持增长的趋势。具体而言，国有企业的研发支出强度由 2012 年的 6.22% 增加至 2021 年的 8.32%，非国有企业的研发支出强度由 2012 年的 8.96% 增长至 2021 年的 10.76%。

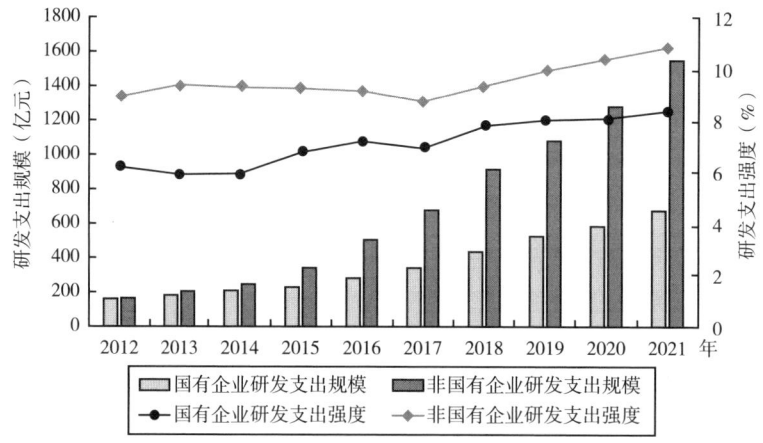

图 3.15　2012~2021 年数字企业研发支出状况：分企业所有制比较

数据来源：国泰安 CSMAR 和 WIND 数据库，并经作者整理所得。

图 3.16 分企业所有制显示了 2015~2021 年我国数字企业研发人员状况。从研发人员数量来看，国有企业与非国有企业的研发人员数量持续增加，且非国有企业增速明显超过国有企业。具体而言，国有企业的研发人员数量从 2015 年的 7.75 万人增加至 2021 年的 17.76 万人，年均增长速度为 18.45%；

---

① 由于 CSMAR 数据库 2022 年分企业所有制的缺失值较大，因此只截止到 2021 年进行分析。

非国有企业的研发人员数量由 2015 年的 16.39 万人增加至 2021 年的 46.09 万人，年均增长速度高达 25.89%。从研发人员占比情况来看，国有企业与非国有企业的研发人员占比表现出缓慢上升的趋势①。其中，国有企业的研发人员占比处于 23%~29% 水平，非国有企业的研发人员占比处于 27%~31% 水平，且非国有企业的研发人员占比在样本期内一直高于国有企业。

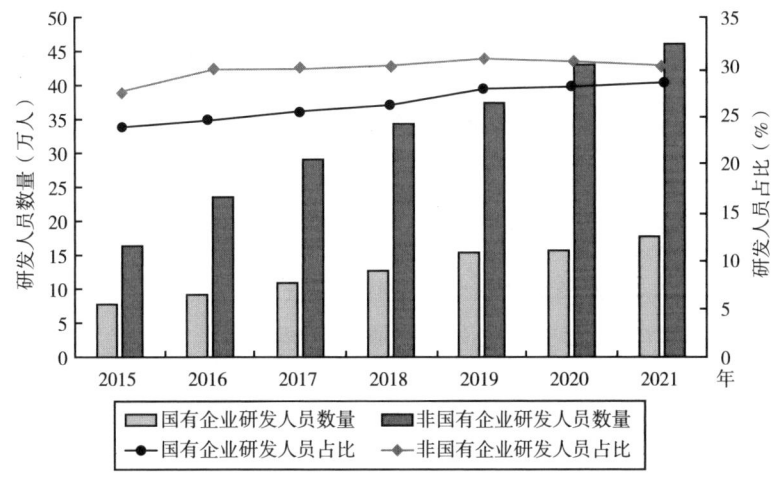

图 3.16　2012~2021 年数字企业研发人员状况：分企业所有制比较

数据来源：国泰安 CSMAR 和 WIND 数据库，并经作者整理所得。

（2）创新产出现状

图 3.17 分企业所有制比较了 2012~2021 年我国数字企业创新产出的变化趋势。从专利申请量来看，国有企业与非国有企业的专利申请量均呈现持续增长的趋势。国有企业的专利申请量由 2012 年的 7909 件增长至 2021 年的 20394 件，年均增长速度为 16%。2012 年，非国有企业的专利申请量仅有 6451 件，略低于国有企业。此后，非国有企业的专利申请量快速增长，截至 2021 年增加至 43149 件，年均增长速度高达 57%。从发明专利申请量占比来看，国有企业的发明专利占比由 2012 年的 55.97% 增长至 2021 年的 61.38%，年均占比为 59.60%，非国有企业的发明专利申请量占比由 2012 年的 47.22% 增长至

---

① 需要说明的是，国有（非国有）数字企业的研发人员占比是指国有（非国有）数字企业研发人员数量占国有（非国有）数字企业员工数量的比重。

2021年的52.75%，年均占比为52%。

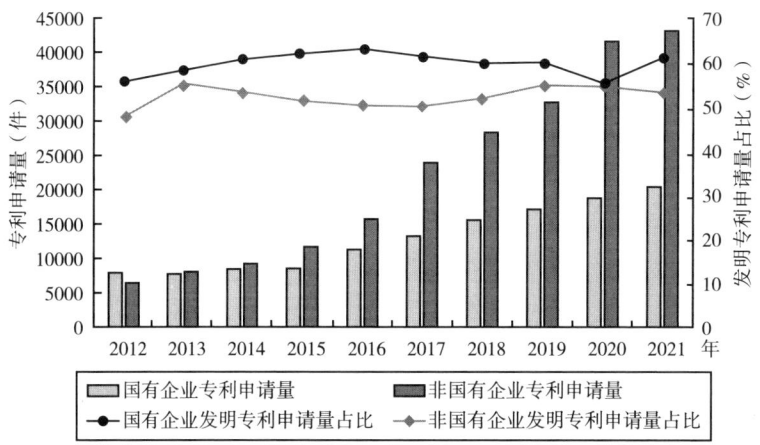

图3.17 2012~2021年数字企业创新产出状况：分企业所有制比较

数据来源：国泰安CSMAR和WIND数据库，并经作者整理所得。

2. 分不同生命周期

（1）创新投入现状

图3.18分企业不同生命周期列示了2012~2022年我国数字企业研发支出状况。从研发支出规模情况来看，不同生命周期企业的研发支出规模总体呈现不断增长的趋势。成长期企业的研发支出规模由2012年的155亿元增加至2022年的1240亿元，是2012年的8倍之多，年均增速达到64%。成熟期企业的研发支出规模由2012年的143亿元增加至2022年的1020亿元，年均增速为56%。衰退期企业的研发支出规模增速最高，由2012年的33.6亿元增加至2022年的602亿元，年均增速高达154%。从研发支出强度来看，不同生命周期企业的研发支出强度总体呈现增长的趋势。其中，衰退期企业的研发支出强度增长幅度最大，相较于2012年，2022年研发强度增长了5.69%，年均研发支出强度达10.36%，位列第一；成长期企业的研发支出强度由2012年的7.11%增长至2022年的11.5%，年均研发支出强度为8.81%；成熟期企业的研发支出强度由2012年的9.09%增长至2022年的10.01%，年均研发支出强度为9.31%。

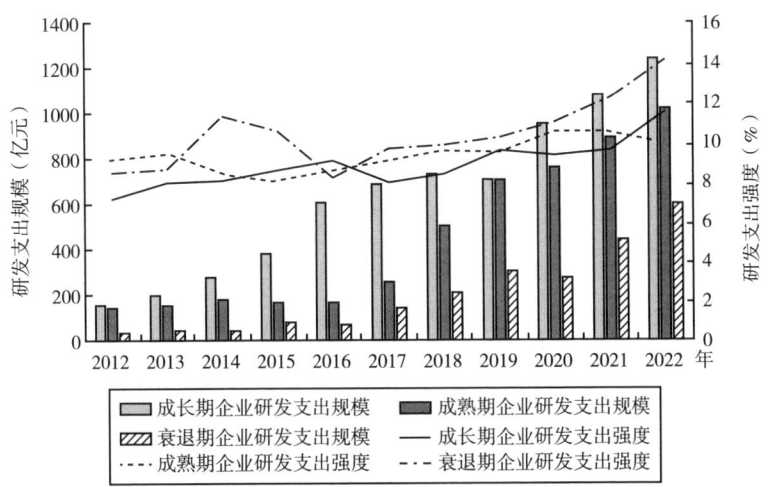

图 3.18　2012～2021 年数字企业研发支出状况：分企业生命周期比较

数据来源：国泰安 CSMAR 和 WIND 数据库，并经作者整理所得。

图 3.19 分不同生命周期对比了 2015～2022 年我国数字企业研发人员状况。从研发人员数量来看，不同生命周期企业的研发人员数量虽有波动，但整体呈现增长的趋势。具体而言，成长期企业的研发人员数量由 2015 年的 15.89 万人增加至 2022 年的 35.12 万人，年均增速为 15.13%；成熟期企业的研发人

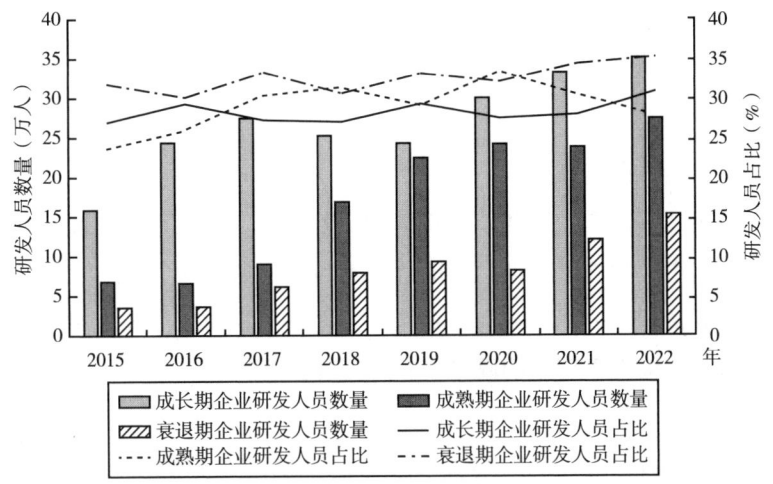

图 3.19　2015～2022 年数字企业研发人员状况：分企业生命周期比较

数据来源：国泰安 CSMAR 和 WIND 数据库，并经作者整理所得。

员数量由 2015 年的 6.8 万人增加至 2022 年的 27.43 万人，年均增速为 37.92%；衰退期企业的研发人员数量由 2015 年的 3.54 万人增加至 2022 年的 15.3 万人，年均增速为 41.53%。从研发人员占比情况来看，不同生命周期企业的研发人员占比呈现缓慢上升的趋势①。如图所示，除 2018 年和 2020 年外，衰退期企业的研发人员占比在样本期内一直最高，年均占比达到 32.57%。

（2）创新产出现状

图 3.20 分不同生命周期比较了 2012～2021 年我国数字企业创新产出的变化趋势。从专利申请量来看，不同生命周期企业的专利申请量总体呈现上升的趋势。其中，成长期企业的专利申请量不断增加，由 2012 年的 9127 件增加至 2021 年的 33235 件，年均专利申请量达到 20661 件；成熟期企业的专利申请量由 2012 年的 5193 件增加至 2021 年的 21730 件，年均专利申请量为 11335 件；衰退期企业的专利申请量最低，年均专利申请量只有 5297 件。从发明专利申请量占比来看，不同生命周期企业的发明专利占比总体保持增长的趋势，但增长幅度不大②。其中，成长期企业的发明专利占比由 2012 年的 49.79% 增长至 2021 年的 53.31%，年均占比为 54%；成熟期企业的发明专利申请量占比最高，年均占比接近 60%；衰退期企业的发明专利申请量占比由 2012 年的 49.58% 增长至 2021 年的 56.95%，年均占比为 54%，与成长期企业持平。

3.2 促进我国数字企业技术创新的现行财税政策

推动数字经济的创新发展不仅是数字经济高质量发展的内在要求，而且是把握新一轮科技革命和产业变革新机遇的必然选择。为充分发挥政府在创新发展中的重要作用，我国财税部门不断优化与调整财税政策，大力支持数字企业技术创新。概括起来，促进数字企业技术创新的财税政策主要包括政府补贴政策、税收优惠政策与政府采购政策。

---

① 需要说明的是，各生命周期数字企业的研发人员占比是指各生命周期数字企业研发人员数量占该生命周期数字企业员工数量的比重。

② 需要说明的是，各生命周期数字企业的发明专利申请量占比是指各生命周期数字企业发明专利申请量占该生命周期数字企业专利申请量的比重。

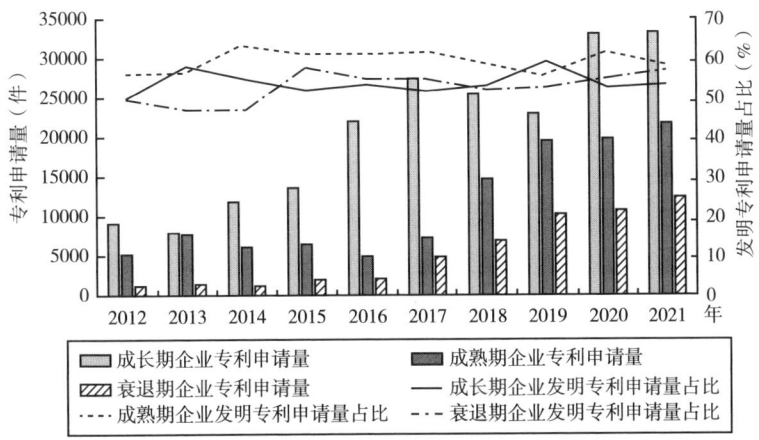

图 3.20　2012~2021 年数字企业创新产出状况：分企业生命周期比较

数据来源：国泰安 CSMAR 和 WIND 数据库，并经作者整理所得。

3.2.1　促进数字企业技术创新的政府补贴政策现状

一般而言，促进数字企业技术创新的政府补贴政策演进过程主要分为以下三个阶段。

第一阶段：1978~1994 年。1978 年，我国召开全国科技大会，大会上提出"科学技术就是生产力"等重要论断，并通过了 1978 年至 1985 年的科学技术发展规划即《1978~1985 年全国科技发展规划纲要（草案）》。随后，出台了"八年规划纲要""十五年发展规划"等一系列科学发展计划。在这些计划的指导下，国家用较少的投入取得了一定的成效，如确定 38 个攻关项目、实施多项科技计划等。1985 年，为进一步推进国家科技发展计划，实施科技体制改革，主要是拨款制度改革。根据科研机构的类型不同，该改革实行差异化的拨款和管理办法，允许科研机构从除了政府以外的其他渠道获取科研经费。在此期间，为支持基础研究，设立国家自然科学基金，通过同行评审的方式择优资助；为促进科学技术研究与经济建设目标的相互结合，先后设立"星火计划""863 计划""火炬计划"等各类不同的科研计划。

第二阶段：1995~2005 年。为大幅度提高社会生产力，增强综合国力，提高人民生活水平，确保我国现代化建设"三步走"战略目标的顺利实现，中共中央、国务院于1995年在《关于加速科学技术进步的决定》中首次提出科教兴国战略，并强调"实施科教兴国战略，是保证国民经济持续、快速、健康发展的根本措施，是实现社会主义现代化宏伟目标的必然抉择。"为落实科教兴国战略，这一时期补贴的重点领域包括基础研究、科技专项和中小企业等。例如，为激发企业和科研机构从事基础研究的动力，政府继续采用科技专项计划，其中以"攀登计划""973计划"为典型代表。

第三阶段：2006年至今。为加快科学技术的发展，缩小与发达国家的差距，中共中央、国务院于2006年发布了《国家中长期科学和技术发展规划纲要（2006—2020年）》，首次将"提高自主创新能力"提升为国家战略，强调把提高自主创新能力摆在全部科技工作的突出位置。自此，我国进入自主创新阶段。针对事关国计民生的重大社会公益性研究，以及事关产业核心竞争力、整体自主创新能力和国家安全的重大科学技术问题，2015年国家重点研发计划开始实施。此后，为促进数字企业技术创新，提升数字产业竞争力，我国不断完善数字经济顶层战略规划体系，《网络强国战略实施纲要》《数字经济发展战略纲要》《"十四五"数字经济发展规划》《数字中国建设整体布局规划》等发展规划相继出台。这些发展规划加大了对数字产业重点领域的补贴支持，如资金重点投向关键软件、集成电路、区块链等前瞻性领域，提升核心产业竞争力。

图3.21显示了2012～2022年我国数字企业获得政府补贴均值的变化趋势。总体上看，我国数字企业平均获得的补贴规模呈增长态势。2012年，我国数字企业平均获得政府补贴为3760万元，2022年增长至7580万元，翻了一倍多。从增长率来看，我国数字企业获得的政府补贴均值增长率在波动中上升。如图所示，2014年、2020年、2021年我国数字企业获得的政府补贴均值呈负增长趋势，增长率分别为－5.44%、－8.78%和－0.99%，其他年份均呈现正向增长，2022年增长率上升至24.87%。

图3.22给出了数字企业在样本期间获得的政府补贴均值情况。如图所示，2012～2022年我国数字企业获得的政府补贴均值为5630万元，其中，创新补贴的均值仅为1150万元，而非创新补贴的均值高达4480万元，后者是前者的3.9倍。可见，在我国数字企业获得的政府补贴中，除了研发补贴等创新补贴外，还存在着数量庞大的非创新补贴。这也意味着，简单以政府补贴总额代替

创新补贴进行回归分析,将产生较大的噪音,因为政府补贴中混杂了大量的非创新补贴。

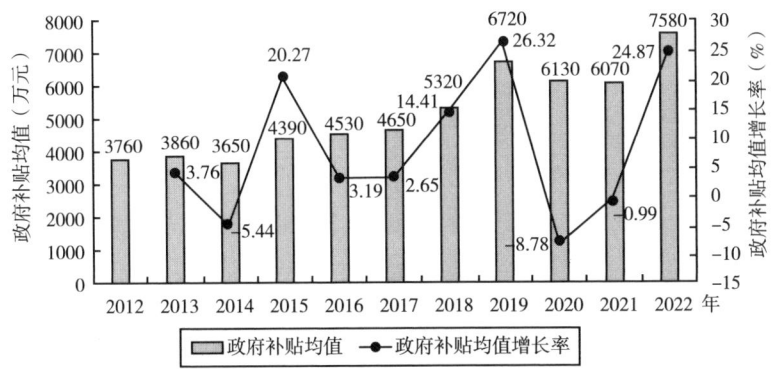

图 3.21　2012~2022 年数字企业获得政府补贴均值的变化趋势

数据来源:国泰安 CSMAR 和 WIND 数据库,并经作者整理所得。

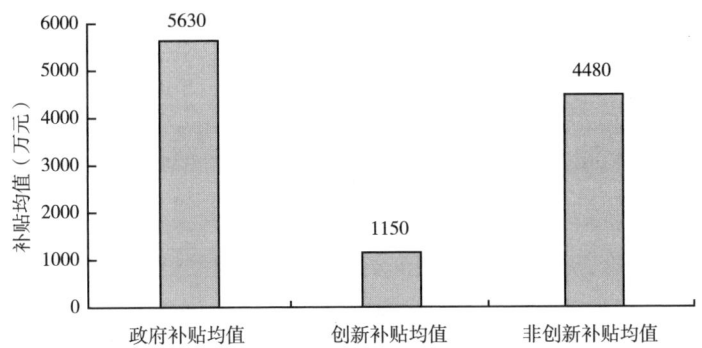

图 3.22　2012~2022 年数字企业获得的政府补贴均值情况

数据来源:国泰安 CSMAR 和 WIND 数据库,并经作者整理所得。

3.2.2　促进数字企业技术创新的税收优惠政策现状

当今世界正处于百年未有之大变局,以信息技术和数据作为关键要素的数字经济成为全球新一轮科技革命和产业变革的重要引擎。党的二十大报告明确提出,"加快发展数字经济,促进数字经济和实体经济深度融合"。作为数字经济发展的微观主体,数字企业创新发展不仅能提升企业自身竞争力,也能助力数字产业结构优化升级。为促进数字企业技术创新，我国财税部门出台并实施了一系列税收优惠政策，具体如表3.2所示①。

表3.2　促进数字企业技术创新的相关税收优惠政策

税种	政策文号	主要政策内容	享受主体
增值税	财税〔2011〕100号	增值税一般纳税人销售其自行开发生产的软件产品，按现行税率征收增值税后，对其增值税实际税负超过3%的部分实行即征即退政策	销售自行开发生产的软件产品的增值税一般纳税人
	财税〔2011〕107号	对国家批准的集成电路重大项目企业因购进设备形成的增值税期末留抵税额准予退还	集成电路重大项目企业
	财政部 国家税务总局公告2023年第43号	允许先进制造业企业按照当期可抵扣进项税额加计5%抵减应纳增值税税额	先进制造业企业
企业所得税	财税〔2012〕27号	符合条件的集成电路设计企业和软件企业，自获利年度起，第一年至第二年免征企业所得税，第三年至第五年按照25%的法定税率减半征收企业所得税	集成电路设计企业和软件企业
	财税〔2012〕27号	集成电路设计企业和符合条件软件企业的职工培训费用，应单独进行核算并按实际发生额在计算应纳所得额时扣除	集成电路设计企业和软件企业
	财税〔2012〕27号	集成电路生产企业的生产设备，其折旧年限可以适当缩短，最短可为3年（含）	集成电路生产企业

---

① 需要说明的是，目前尚未出台专门针对数字企业技术创新的税收优惠政策。表格中涉及的软件企业和集成电路企业属于数字企业，而高新技术企业、技术先进型服务企业、先进制造业企业等则是与数字企业密切相关的企业。因此，数字企业如符合条件，可享受以上的税收优惠政策及其他普惠性政策，但限于篇幅，表格中未详细说明其他普惠性政策。

续表

税种	政策文号	主要政策内容	享受主体
企业所得税	财税〔2012〕27号	软件企业即征即退增值税款,由企业专项用于软件产品研发和扩大再生产并单独进行核算,可以作为不征税收入,在计算应纳税所得额时从收入总额中减除	软件企业
	财税〔2017〕79号	经认定的技术先进型服务企业,减按15%的税率征收企业所得税	技术先进性服务企业
	财税〔2018〕76号	具备高新技术企业或科技型中小企业资格的企业,亏损最长结转年限由5年延长至10年	高新技术企业、科技型中小企业
	财政部 国家税务总局公告2019年第66号	自2019年1月1日起,将适用规定固定资产加速折旧优惠的行业范围扩大至全部制造业领域	制造业企业
	财政部 国家税务总局 发展改革委 工业和信息化部公告2020年第45号	国家鼓励的重点集成电路设计企业和软件企业,自获利年度起,第一年至第五年免征企业所得税,接续年度减按10%的税率征收企业所得税	国家鼓励的重点集成电路设计企业和软件企业
	财政部 国家税务总局公告2023年第7号	企业开展研发活动中实际发生的研发费用,未形成无形资产计入当期损益的,在按规定据实扣除的基础上,再按照实际发生额的100%在税前加计扣除;形成无形资产的,按照无形资产成本的200%在税前摊销	不适用税前加计扣除政策的七类行业企业外
	财政部 国家税务总局 国家发展改革委 工业和信息化部公告2023年第44号	集成电路企业和工业母机企业开展研发活动中实际发生的研发费用,未形成无形资产计入当期损益的,在按规定据实扣除的基础上,再按照实际发生额的120%在税前扣除;形成无形资产的,按照无形资产成本的220%在税前摊销	集成电路企业和工业母机企业
	中华人民共和国企业所得税法第二十八条第二款	国家重点扶持的高新技术企业减按15%税率征收企业所得税	高新技术企业

续表

税种	政策文号	主要政策内容	享受主体
个人所得税	财税〔2015〕116号	高新技术企业转化科技成果，给予本企业相关技术人员的股权奖励，个人一次缴纳税款有困难的，可根据实际情况自行制订分期缴税计划，在不超过5个公历年度内（含）分期缴纳	高新技术企业的技术人员
	财税〔2018〕58号	非营利性科研机构和高校从职务科技成果转化收入中给予科技人员的现金奖励，可减按50%计入科技人员当月"工资、薪金所得"，依法缴纳个人所得税	非营利性科研机构和高校的科技人员
进口关税	财关税〔2021〕4号	集成电路和软件企业符合条件，免征进口关税	集成电路和软件企业
进口环节增值税	财关税〔2021〕5号	承建集成电路重大项目的企业如符合条件，准予进口环节增值税分期缴纳	集成电路企业

资料来源：国家税务总局税收法规库。

根据表3.2可以归纳出促进数字企业技术创新的税收优惠政策具有以下特征。

第一，企业所得税优惠政策占主导。在激励数字企业技术创新的税收优惠政策中，涉及了企业所得税、增值税、个人所得税、关税等税种，其中企业所得税优惠政策占主导。企业所得税优惠政策涵盖了低税率、减免税、研发费用加计扣除、固定资产加速折旧等多方面内容。一是低税率政策，其主要内容是针对高新技术企业和技术先进型服务企业，减按15%税率征收企业所得税①。二是减免税政策，其主要内容是针对国家鼓励的集成电路企业和软件企业，其自获利年度起可享受"两免三减半"的税收优惠。三是研发费用加计扣除政

---

① 数字企业大多属于高新技术企业，如符合条件，可享受高新技术企业的税收优惠政策。此外，作为一种新的经济形态，数字经济是典型的技术密集型行业。因此，部分数字企业属于技术先进型服务企业，如符合条件，可享受技术先进型服务企业的税收优惠政策。

策,其具体内容是:2016~2023年,将允许加计扣除的比例由50%、75%提升至100%,无形资产摊销比例从150%、175%提升至200%;2023年,为进一步鼓励企业研发创新,促进集成电路产业和工业母机产业高质量发展,将集成电路和工业母机企业研发费用加计扣除比例提高至120%。四是固定资产加速折旧政策,其主要内容是缩短固定资产或无形资产的折旧或摊销年限,并将行业范围扩大至全部制造业领域。

第二,研发阶段是优惠政策实施的关键环节。研发是企业技术创新的关键,激励企业加大研发投入力度对促进技术创新的作用最为直接。然而,研发需要大量的资金支持,税收优惠主要是通过直接或间接的优惠方式促进数字企业创新。在直接税收优惠方式上,优惠税率、定期减免、超额返还等直接优惠是对企业经营成果的直接性利益让渡,使数字企业有更多的资源投入研发活动中。在间接税收优惠方式上,加计扣除、加速折旧等间接优惠主要是对企业税基的减免,从而降低了数字企业的研发成本。例如,集成电路和软件企业的"两免三减半"政策、集成电路企业研发费用120%加计扣除等税收优惠政策有效地激发了我国数字企业研发投入的积极性。因此,研发阶段成为税收优惠政策实施的关键环节。

第三,集成电路企业和软件企业是政策支持的重点对象。自进入数字经济时代以来,数字企业创新不仅关系数字产业化和产业数字化发展水平,而且关系数字经济高质量发展。然而,作为一种新型经济形态,我国尚未针对数字企业制定专门税收优惠政策。相关的税收优惠政策对象主要集中于集成电路企业、软件企业、高新技术企业、技术先进型服务企业、先进制造业企业等。其中,集成电路企业和软件企业是政策支持的重点对象。在集成电路企业方面,包括集成电路重大项目企业增值税留抵税额退税政策、"两免三减半"的企业所得税优惠政策、企业职工培训费税前扣除、企业生产设备缩短折旧年限政策、企业研发费用120%加计扣除政策、国家鼓励的重点集成电路设计企业定期减免企业所得税等优惠政策。在软件企业方面,包括软件产品增值税即征即退政策、"两免三减半"的企业所得税优惠政策、企业职工培训费税前扣除、国家鼓励的重点软件企业减免企业所得税等优惠政策。

3.2.3 促进数字企业技术创新的政府采购政策现状

一般认为，我国政府采购制度始于1996年①。财政部于1996年率先在深圳和上海市试点政府采购制度，并于1998年将试点范围扩大。1999年，财政部制定了《政府采购管理暂行办法》，并在全国推广实施政府采购制度。自此以来，我国政府采购规模持续增长。数据显示，我国政府采购规模由1998年的31亿元增长至2021年的36399亿元，占全年财政支出的比重由0.3%提升至10.1%②。在规模日益扩大的同时，我国政府采购制度日趋完善，对政府采购创新激励功能的认识经历了一个从无到有、逐步深化的过程。

早期的政府采购制度侧重于规范化管理，围绕财政资金的使用效率和预防采购腐败等核心目标展开。例如，自1999年以来，财政部颁布了《政府采购管理暂行办法》《政府采购招标投标管理暂行办法》等一系列规章制度，旨在规范政府采购行为和加强廉政建设。随着政府采购规模的不断扩大，为增强政府采购的宏观调控作用，我国开始重视政府采购的宏观调控功能。例如，2003年1月1日实施的《中华人民共和国政府采购法》第九条规定，政府采购应当有助于实现国家的经济和社会发展政策目标，包括保护环境、扶持不发达地区和少数民族地区、促进中小企业发展等。为贯彻落实《政府采购法》的政策功能，财政部、发改委于2004年印发《节能产品政府采购实施意见》，这是我国首次通过政府采购来实现国家经济和社会发展政策目标。但这一时期的政策功能尚未直接包含创新激励功能。

自2006年《国家中长期科学和技术发展规划纲要（2006—2020年）》发布以来，政府采购的创新激励功能得以正式体现。《国家中长期科学和技术发展规划纲要（2006—2020年）》明确提出，要实施促进自主创新的政府采购政策。同年，国务院出台若干配套政策的通知，积极营造激励自主创新的环境。在此背景下，财政部联合科技部、发改委等部门出台了系列意见、办法、通

---

① 毫无疑问，在1996年以前，我国政府也存在政府采购，但主要是计划经济管理体制下的政府采购与管理无序的分散采购。具体内容介绍请参见裴育（2019）相关文献。

② 相关数据来源于中国政府采购网：http://www.ccgp.gov.cn/news/202307/t20230705_20199566.htm。

知,为实施促进自主创新的政府采购政策提供指导性框架和意见。然而,由于各种执行层面的原因,2011年财政部发布公告暂停执行上述文件。因此,尽管该时期的政府创新采购制度得以建立,政府采购的创新功能也被正式写入制度文件,但由于执行不到位,政府采购政策的创新效应也未能得到充分显现。

进入新时代以来,我国深入实施创新驱动发展战略,大力倡导新发展理念,将创新作为引领发展的第一动力,始终坚持创新在我国现代化建设中的核心地位。在此背景下,如何充分发挥政府采购的创新激励功能再次引发广泛关注。2018年11月,习近平总书记主持召开中央全面深化改革委员会第五次会议,审议通过了《深化政府采购制度改革方案》,明确提出"监管机制健全、政策功能完备、法律制度完善、技术支撑先进的现代政府采购制度"等总体改革目标。同年,《国务院关于推动创新创业高质量发展打造"双创"升级版的意见》明确提出,"完善支持创新和中小企业的政府采购政策。发挥采购政策功能,加大对重大创新产品和服务、关键核心技术的采购力度,扩大首购、订购等非招标方式的应用。"为进一步完善我国政府采购法律制度,财政部分别于2020年和2022年先后两次向社会公开征求意见,并在《中华人民共和国政府采购法(修订草案征求意见稿)》明确了"支持创新"的政策目标。值得一提的是,为促进民营经济发展壮大,2023年7月发布的《中共中央 国务院关于促进民营经济发展壮大的意见》再次明确提出,要加大政府采购创新产品力度,发挥首(套)保险补偿机制作用,支持民营企业创新产品迭代应用。由此可见,在我国由高速增长阶段转向高质量发展阶段后,政府采购的创新激励功能再次受到广泛关注,并多次进入顶层设计制度文件。这意味着,政府采购的创新激励功能受到越来越多的重视,如表3.3所示。

表3.3　　　　　　　　中国政府主要创新采购政策的发展历程

政策文件	相关核心内容	发布年份	发布机构
《政府采购管理暂行办法》	在深圳和上海先行试点基础上,在全国推广实施政府采购制度	1999	财政部
《中华人民共和国政府采购法》	政府采购应当有助于实现国家的经济和社会发展政策目标	2003	全国人大常委会

续表

政策文件	相关核心内容	发布年份	发布机构
《节能产品政府采购实施意见》	首次通过政府采购实现国家经济和社会发展政策目标	2004	财政部、发改委
《国家中长期科学和技术发展规划纲要（2006—2020年）》	实施促进自主创新的政府采购	2006	国务院
国务院关于实施《国家中长期科学和技术发展规划纲要（2006—2020年）》若干配套政策的通知	营造激励自主创新的环境，推动企业成为技术创新的主体，努力建设创新型国家	2006	国务院
《关于实施促进自主创新政府采购政策的若干意见》	贯彻落实《国务院关于实施〈国家中长期科学和技术发展规划纲要（2006～2020年）〉若干配套政策的通知》（国发〔2006〕6号），实施促进自主创新的政府采购政策	2006	财政部
《自主创新产品政府采购预算管理办法》	贯彻落实《国务院关于实施〈国家中长期科学和技术发展规划纲要（2006～2020年）〉若干配套政策的通知》（国发〔2006〕6号），实施促进自主创新的政府采购政策	2007	财政部
《自主创新产品政府采购合同管理办法》	贯彻落实《国务院关于实施〈国家中长期科学和技术发展规划纲要（2006～2020年）〉若干配套政策的通知》（国发〔2006〕6号），实施促进自主创新的政府采购政策	2007	财政部
《关于开展2009年国家自主创新产品认定工作的通知》	贯彻落实《国家中长期科学和技术发展规划纲要（2006—2020年）》配套政策实施细则，推动国家自主创新产品认定工作	2009	科技部、发改委、财政部
《深化政府采购制度改革方案》	强化政府采购政策功能措施，健全政府采购监督管理机制	2018	中央全面深化改革委员会

续表

政策文件	相关核心内容	发布年份	发布机构
《国务院关于推动创新创业高质量发展打造"双创"升级版的意见》	加大财税政策支持力度,完善创新创业产品和服务政府采购政策,加快推进首台(套)重大技术装备示范应用	2018	国务院
《中华人民共和国政府采购法(修订草案征求意见稿)》	首次将"支持创新"列为政府采购政策的目标之一	2020	财政部
《中华人民共和国科学技术进步法》	从法律上明确了政府采购支持创新的政策功能	2022	全国人大常委会
《中华人民共和国政府采购法(修订草案征求意见稿)》	政府采购应当有助于实现经济和社会的可持续发展目标,包括维护国家安全、支持科技创新等	2022	财政部
《中共中央 国务院关于促进民营经济发展壮大的意见》	加大政府采购创新产品力度,发挥首(套)保险补偿机制作用,支持民营企业创新产品迭代应用	2023	中共中央、国务院

资料来源:国务院政策文件库。

通过梳理我国政府采购政策的历史沿革,我们不难看出,随着我国政府采购规模的日益扩大,政府采购的政策功能也受到越来越多的关注。但需要注意的是,我国政府采购的政策目标是多元化的,既包括支持本土企业、维护国家安全等目标,也包括支持科技创新、绿色发展和中小企业发展等目标。进入新时代以来,在创新驱动发展战略和高质量发展的引领下,我国政府采购的创新激励功能受到越来越多的关注。

图3.23显示各年度我国数字企业的政府采购合同均值的变化趋势。从规模情况来看,2015~2022年我国数字企业平均获得的政府采购规模呈现下降的趋势,自2015年的4447万元下降至2022年的最小值1720万元。此外,从增长率情况来看,数字企业获得的政府采购均值增长率在样本期内呈现剧烈的波动。由2016年的-4.88%增长至2017年最大值33.31%,此后开始下降,并于2019年下降至最低值-54.53%,年均增长率为-17.69%。

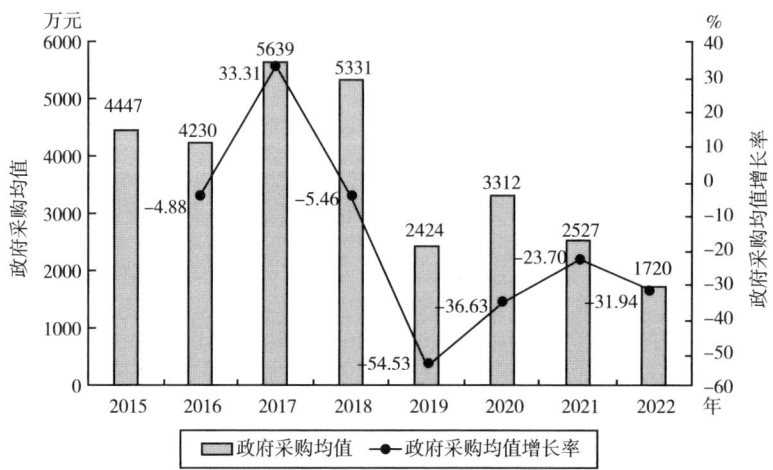

图 3.23　2015~2022 年数字企业政府采购合同均值的变化趋势

数据来源：中国政府采购网，并经作者整理得出。

4 政府创新补贴影响数字企业技术创新的实证分析

4.1 研究假说的提出

以研发投入为核心的技术创新所具有的外部性特征以及信息不对称导致的融资约束问题,成为政府补贴企业研发的主要理论依据。然而,由于财政资源是有限的,为此,只有当产业发展存在严重市场失灵且社会收益巨大时,政府补贴才是必需的(陈钊,2022)。通常而言,创新频率越高,研发风险越大;外部性越强,市场失灵越严重;覆盖范围越广,社会收益越大。因此,政府对于创新频率高、外部性强、覆盖范围广的研发活动进行补贴,不仅具有深厚的理论基础,而且显得十分必要。

《"十四五"数字经济发展规划》明确指出,数字经济是继农业经济、工业经济之后的主要经济形态,是以数据资源为关键生产要素,以现代信息网络为主要载体,以信息通信技术融合应用、全要素数字化转型为重要推动力,促进公平与效率更加统一的新经济形态①。与一般企业不同,数字企业是以数据资源为关键要素的新形态主体,轻资产、技术密集是该类企业的基本特征(裴长洪等,2018)。与之相对应,企业基于经验的产品研发转变为数据驱动的产品研发。与一般企业相比,数字企业的研发创新呈现出创新频率更高、外部性更强、覆盖范围更广等新特征②。综上所述,政府对数字企业研发创新进

---

① 裴长洪等(2018)、陈晓红等(2022)对数字经济的内涵及特征进行了细致讨论。此处以国务院印发的《"十四五"数字经济发展规划》界定数字经济的内涵。

② 具体内容已在研究背景处进行了阐述,在此不再赘述。

行补贴不仅具有合意性,而且十分必要。

理论上,政府创新补贴对数字企业研发强度的影响可以分为直接影响与间接影响。直接影响主要体现为资金效应。具体而言,政府创新补贴作为政府无偿提供的资金,可以直接投入企业的研发活动中,从而缓解企业研发活动的资金压力(Almus 和 Czarnitzki,2003;杨洋等,2015)。此外,政府创新补贴能够让企业家保留更多的股份,进而激励企业研发。因为如果没有政府的创新补贴,企业家可能被迫出售大量的股权以获得研发创新所需的资金(Howell,2017)。间接影响主要包括认证效应与溢出效应。一方面,政府创新补贴作为一种利好投资的信号传递给私人投资者,让企业贴上被政府认可的标签,进而帮助企业降低融资成本和获得其他创新资源,进一步缓解研发过程中的融资约束问题(Feldman 和 Kelley,2006;Kleer,2010);另一方面,政府创新补贴不仅可以通过知识溢出效应提高其他未获补贴项目的创新成功概率(Boeing,2016),而且能够直接降低其他创新活动的固定成本①。

作为经济体大国,我国面临着知识产权保护制度相对不完善、金融市场发展相对滞后等一系列过渡性的问题,以及由此催生出对微观企业创新活动的负外部性和溢出效应(张杰,2020)。与一般企业相比,以轻资产、技术密集为主要特征的数字企业在研发过程中面临更为严重的融资约束问题。因此,政府创新补贴通过直接与间接机制,缓解数字企业的融资约束问题,进而提升了数字企业的研发强度。

基于以上分析,本章提出如下假设。

假设1A:政府创新补贴提升了数字企业的研发强度。

企业生命周期理论认为,不同生命周期的企业具有不同的组织特点、资源禀赋及盈利能力。在每一个生命周期阶段中,企业自身特点、融资需求、最佳融资方式均存在着巨大的差异(黄宏斌等,2016)。而研发创新需要企业对自身资源禀赋、发展需求和外部环境做综合评估后进行审慎决策(刘诗源等,2020)。数字企业作为轻资产、技术密集型企业,在不同生命周期阶段的融资

---

① 在政府创新补贴项目的开展过程中,无论项目是成功还是失败,均会获得新的技术知识或有用信息,而这些技术知识或信息可以溢出到数字企业的其他研发项目。此外,针对数字企业研发设备、技术人才等创新补贴项目可以有效延长相关固定资产的使用寿命和效率,从而降低其他创新活动的固定成本。

约束与创新意愿差异明显。因此，政府创新补贴对处在不同生命周期的数字企业研发强度可能具有不同的影响效应。

首先，对于成长期的数字企业而言，在快速迭代的数字经济时代，为全面提升核心竞争力并提高市场份额，需要开展大规模的研发投入，但由于尚未形成稳定的利润，从而导致出现较大的资金缺口问题。此外，由于信息不对称，投资者很难判断企业的成长空间，其专有新技术往往难以得到投资者的认可，从而造成外部融资难度较大。因此，该阶段的数字企业创新意愿强烈，但面临着较为严重的融资约束问题。其次，对于成熟期的数字企业而言，企业已经拥有丰厚的盈余积累，利润水平也较为稳定，经营现金流充裕，且企业融资渠道相对畅通（黄宏斌等，2016）。因此，该阶段的数字企业面临的融资约束问题并不突出。最后，对于衰退期的数字企业而言，企业的利润下降甚至亏损，与此同时，经营风险上升，内外融资渠道受阻，筹资相对困难，能用于研发投入的资金紧张（童锦治等，2018）。此外，处于衰退期的企业还面临着退市威胁和被并购的风险，其首要任务从"谋发展"回到了"求生存"（刘诗源等，2020）。因此，尽管该阶段的数字企业也面临着融资约束问题，但其创新意愿明显不足。

在中国普遍存在金融抑制的情形下，政府创新补贴是缓解金融抑制的有效替代机制。而不同生命周期的数字企业表现出明显不同的融资约束与创新意愿，进而导致政府创新补贴对不同生命周期的数字企业研发强度产生不同的影响效应。基于以上分析，本章提出如下假设。

假设2A：与成熟期和衰退期企业相比，政府创新补贴对成长期数字企业研发强度的激励效应更为显著。

不同行业在技术水平、技术机会、融资约束等方面存在明显差异，从而使得不同行业的数字企业对政府创新补贴的敏感性不同（Pavitt，1984）。然而，理论上，行业技术水平对政府创新补贴的创新绩效影响并不确定。

一方面，政府创新补贴对高技术行业企业研发强度的激励效应可能更大。行业的技术水平越高，研发创新对企业竞争力的影响就越大，数字企业研发创新的动机就越为强烈。此时，如果政府补贴的研发项目对数字企业而言是市场前景光明、技术上可承受的，即政府补贴的研发项目与数字企业自身的研发项目具有一定的重叠性，那么，政府创新补贴就能产生较大的叠加效应，进而有效缓解企业研发的融资约束问题并激励企业研发创新（Lee，2011）[①]。此外，高技术行业一般为R&D导向行业。在"成功孕育成功"与累积机制下，R&D导向下的行业将获得更大政策效应（Freitas等，2017）。另一方面，政府创新补贴对低技术行业企业研发强度的激励效应可能更大。由于融资约束的限制以及R&D活动存在的沉没成本，低技术行业的数字企业从事研发活动面临更多的困难，而政府创新补贴能够通过缓解融资约束助力它们跨过从事R&D活动的门槛，形成诱导效应（González和Pazó，2008），从而产生显著的激励效应。此外，对于低技术企业，由于初始水平低，其技术能力提升效应和学习、追赶范围更大（Lee，2011）。基于以上分析，本章提出如下两个竞争性假设。

假设 $3A_1$：行业的技术水平越高，政府创新补贴对数字企业研发强度的激励效应越大。

假设 $3A_2$：行业的技术水平越低，政府创新补贴对数字企业研发强度的激励效应越大。

制度理论认为，企业嵌入于制度环境之中，并受制度环境的约束。我国市场化进程在不同地区之间存在巨大的不平衡（樊纲等，2011）。这种地区间制度环境的不平衡性不仅直接导致不同地区企业的融资约束差异，而且会影响政府创新补贴的资金效应与认证效应。然而，理论上关于不同制度环境下政府创新补贴对数字企业研发强度的影响效应观点不一。

一方面，在制度环境较差的地区，政府创新补贴对数字企业研发强度的激励效应可能更大。一个地区的制度环境越差，意味着金融体系以及金融市场发展越为滞后。此时，所在地区要素资源较为稀缺，企业融资约束程度较高，政府创新补贴的重要程度相对较高（Bianchini等，2019；江飞涛等，2021）。与此同时，当面临制度约束时，企业会努力寻找并建构包括政治关联在内的非正规的替代性机制来克服落后制度对企业发展的阻碍。相关研究也表明，政治关联等替代机制能够给企业带来融资便利性、财政补贴、税收优惠等不同利益（余明桂等，2010）。因此，在制度环境较差的地区，政府创新补贴是缓解金融发展滞后对数字企业研发活动造成严重阻碍的有效替代机制（张杰等，2015），进而产生显著的激励效应。反之，当制度环境较好时，要素资源相对

[①] 叠加效应是指来自政府研发补贴项目与企业自身研发项目的重叠性。具体参见 Lee（2011）。

丰富，企业融资约束程度较低，政府创新补贴的替代效应也较小，进而产生较小的激励效应。

另一方面，在制度环境较好的地区，政府创新补贴对数字企业研发强度的激励效应可能更大。政府创新补贴政策会产生诸如政策制定的信息费用、政策执行的费用、政策退出的费用、破坏市场竞争准则的费用、企业发展的费用，以及寻租的费用等交易费用（周燕和潘遥，2019）。同样，在制度环境较好的地区，数字企业获取政府创新补贴的交易成本更低，所产生的资金效应更大。此外，在制度环境较好的地区，腐败程度更低，数字企业的寻租动机更弱。此时，获取政府创新补贴能够向市场传递资质良好且具备技术先进性的积极信号（梁睿昕和李姚矿，2023），从而产生较强的认证效应。反之，在制度环境较差及要素市场扭曲程度较高的地区，数字企业获取政府创新补贴的交易成本较高。而高昂的交易成本将极大地削弱政府创新补贴的激励效应（杨洋等，2015）。此外，在制度环境较差的地区，由于寻租活动的广泛存在，政府创新补贴的获取可能被市场外部投资者认为是一种寻租结果，而并非技术优势的结果（张杰，2020），这将进一步削弱政府创新补贴的激励效应。

基于以上分析，本章提出如下两个竞争性假设。

假设 $4A_1$：在制度环境相对较差的地区，政府创新补贴对数字企业研发强度的激励效应更为显著。

假设 $4A_2$：在制度环境相对较好的地区，政府创新补贴对数字企业研发强度的激励效应更为显著。

4.2 研究设计

4.2.1 数据来源与说明

本章的研究样本为 2012～2022 年中国数字企业[①]。相关原始数据主要来源于国泰安中国经济金融研究数据库（CSMAR）与万德（Wind）数据库。值得

[①] 第二章已介绍数字企业选择的相关说明，对此不再赘述。

说明的是，将样本截取为2012年以后的数据。原因在于，有学者通过数据匹配发现，2012年以前的上市公司研发支出数据披露不完全，低估了制造业上市公司进行研发活动的比例（童锦治等，2018）。

参照既有研究的通行做法，对数据进行了如下处理：（1）剔除ST类公司样本；（2）剔除关键变量缺失的样本；（3）为减轻异常值对估计结果的影响，对所有连续变量进行了1%和99%百分位的缩尾处理。最终，本研究共计获得包含1027家公司的5946个有效样本。

4.2.2 变量定义与描述

（1）被解释变量：企业技术创新。本章以研发强度测度数字企业的技术创新水平。具体地，以研发支出占营业收入的比例衡量企业研发强度[①]，这也是既有文献的主流做法（郭玥，2018；刘诗源等，2020）。

（2）核心解释变量：政府创新补贴。本章以政府创新补贴总额占营业收入的比例衡量企业的政府创新补贴水平[②]。上市公司获得的政府补贴相关信息披露于公司年报财务报表附注"营业外收入"科目下的"政府补助明细"中。然而，现有的政府补贴五花八门，内容众多，范围极广（李万福等，2017；聂辉华等，2022），既有减免税、加计扣除等税收优惠性质补助，也有税收返还、税收奖励等政府补贴性质补助，甚至还有个人所得税手续费等手续费性质收入。鉴于我国目前缺乏统一的补贴数据披露形式，也没有健全的政府创新补贴数据库，本章通过手工收集和关键词筛选法获取政府创新补贴数据[③]。借鉴郭玥（2018）、吴伟伟和张天一（2021）等学者做法并结合本研究样本的具体情况，本章确定的政府创新补贴关键词如下。一是研发类补贴关键词：研发、研制、研究、开发、技术、科技、创新等；二是专利类补贴关键词：专利、知识产权、成果转化等；三是人才类补贴关键词：人才、引才等；四是创新计划类补贴关键词：星火计划、863计划、火炬计划、973计划、行业科研专项、国家自然科学基金、国家科技重大专项、国家重点研发计划、技术创新引导专项

[①][②] 为避免系数值过小，以百分比形式表示。
[③] 借助STATA软件，主要使用了"regexm""collapse"等命令进行分析与处理数据。

（基金）和基地与人才专项、瞪羚计划、独角兽计划、小巨人计划、海鸥计划、启明星计划、科技新星计划等。最终，本章的政府创新补贴数据包括企业获得的研发费用补助、科技三项补贴、创新发展专项资金、专利补助、知识产权奖励、科技成果转化和扩散专项经费、技术改造专项资金、人才工程项目资助、重点研发计划资金等与创新密切相关的补贴，但不包括企业获得的社保稳岗补贴、财政贴息、企业上市奖励、政府拆迁补助、地方税收返还收入、"一企一策"资金、外向型发展奖励资金、百强民营企业奖励资金等非创新类补贴。在此基础上，将创新补贴条目金额汇总获得政府创新补贴合计金额。

（3）控制变量。为减轻因遗漏变量导致的估计偏差，参照既有主流研究的做法，本章在回归方程中控制了一系列影响企业研发强度的特征变量（冯根福等，2021）。其中，企业规模以企业总资产衡量，并取对数；企业年龄以发生年度与企业成立日期之差衡量，并取对数；根据实际控制人的性质，将所有权性质定义为国有与非国有；资产负债率以期末总负债占总资产的比例衡量；流动资产比率与固定资产比率分别以流动资产与固定资产占总资产的比例衡量；资产收益率以净利润占总资产的比例衡量；托宾Q值以股权市值与净债务市值总和占总资产的比例衡量；企业成长以营业收入增长率衡量；股权集中度以第一大股东持股比例衡量；独立董事比例以独立董事人数占董事会人数的比例衡量；薪酬激励以管理层持股比例衡量；行业竞争度以行业赫芬达指数衡量。

（4）变量描述。表4.1报告了主要变量的描述性统计结果。结果显示，在本研究样本中，企业研发强度的均值为9.7%，这表明我国数字企业表现出较高的研发支出水平。样本企业的政府创新补贴均值为0.34%，即平均每家数字企业获得的政府创新补贴约为1499.4万元[1]，而样本企业的政府补贴均值约为4960万元[2]。可见，政府补贴数据中掺杂了大量的非创新补贴数据。此外，统计信息显示，不同数字企业之间的研发强度存在明显差异，最大值与最小值分别为33.14%与0，标准差为7.61。类似地，政府创新补贴的最大值与最小值分别为40.15%与0，这说明不同数字企业的政府创新补贴水平存在较

---

[1] 样本企业的营业收入均值为44.1亿元。
[2] 根据CSMAR数据汇总计算得出。

大差异。主要变量的较大变异性为本研究提供了良好的数据条件，其他变量的描述性统计信息如表 4.1 所示。

表 4.1　　主要变量的描述性统计

变量名称	变量定义	样本量	最小值	最大值	均值	标准差
企业研发强度	研发支出占营业收入的比例（%）	5946	0	33.14	9.70	7.61
政府创新补贴	政府创新补贴总额占营业收入的比例（%）	5946	0	40.15	0.34	1.06
企业规模	企业年末总资产的对数	5946	18.80	27.17	21.81	1.15
企业年龄	企业存续时间的对数	5946	1.10	4.16	2.85	0.35
所有权性质	企业实际控制人为国有性质，取值1，其他为0	5946	0	1	0.19	0.39
资产负债率	期末总负债占总资产的比值	5946	0.02	8.01	0.35	0.27
流动资产比率	流动资产占总资产的比值	5946	0.08	0.97	0.66	0.18
固定资产比率	固定资产占总资产的比值	5946	0	0.68	0.14	0.13
资产收益率	净利润占总资产的比值	5946	-3.11	7.75	0.03	0.17
托宾Q值	（股权市值+净债务市值）占总资产的比值	5946	0.84	9.18	2.51	1.57
企业成长	营业收入增长率	5943	-0.59	2.69	0.17	0.39
股权集中度	第一大股东持股比例（%）	5946	8.36	74.24	29.12	13.42
独立董事比例	独立董事人数占董事会人数的比值	5944	0.20	0.75	0.38	0.06
薪酬激励	管理层持股比例	5946	0	0.82	0.19	0.21
行业竞争度	行业赫芬达指数	5946	0	0.05	0.005	0.008

4.2.3　模型构建

鉴于补贴政策效应具有滞后性，并参考余明桂等（2010）、Boeing（2016）、吴伟伟和张天一（2021）等做法，以滞后一期的政府创新补贴对数字企业技术创新进行回归。待检验的双向固定效应模型设定如下。

$$Y_{it} = \beta_0 + \beta_1 Innogovsub_{it-1} + \alpha' X + \varphi_i + \lambda_t + \varepsilon_{it} \tag{4.1}$$

其中，i 和 t 分别表示企业个体和年份；被解释变量 Y 表示数字企业研发强度；$Innogovsub$ 表示数字企业的政府创新补贴水平；X 表示控制变量列向量；α 表示控制变量系数列变量；β 表示待估系数；φ_i 表示企业固定效应，用以控制不随时间变化的因素；λ_t 表示年份固定效应，用以控制不随企业变化的共同宏观冲击等；ε_{it} 表示随机干扰项。

在计量回归前，本章绘制了政府创新补贴与数字企业研发强度的关系散点图，以初步考察政府创新补贴与数字企业研发强度的关系。图 4.1 的结果显示，在不控制其他变量的情形下，政府创新补贴与研发强度呈现正向相关关系。

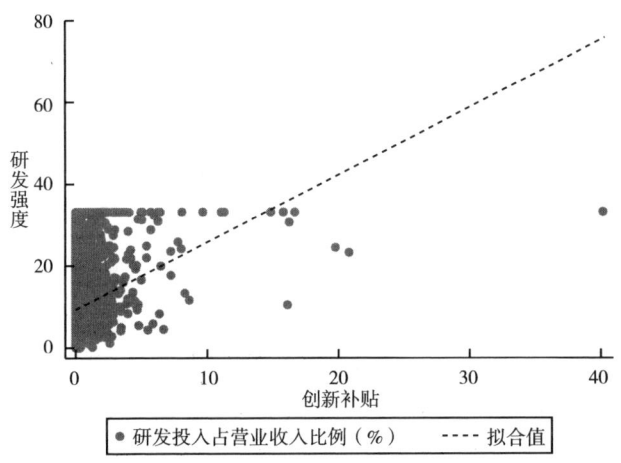

图 4.1 政府创新补贴与数字企业研发强度的关系

4.3 实证结果与分析

4.3.1 基准回归结果分析

表 4.2 报告了回归模型 (4.1) 在不同控制变量情形下的回归结果。其中，列 (1) 是政府创新补贴影响数字企业研发强度的简单回归结果，列 (2) 是进一步加入年份固定效应和企业固定效应的回归结果，列 (3) 是进一步加入企业规模、企业年龄、企业性质等控制变量的回归结果。此外，为控制诸如各

省份不断调整的产业政策等不同地区随时间变化因素的影响，参考 Akcigit 等（2022）等学者的做法，本章进一步添加了省份和年份、行业和年份的联合固定效应，结果由列（4）给出。

表 4.2　　　　　　　　　　　基准回归结果

变量	企业研发强度			
	（1）	（2）	（3）	（4）
政府创新补贴	1.3740 *** (0.2472)	0.5768 *** (0.0895)	0.5194 *** (0.0962)	0.5137 *** (0.0858)
企业规模			-0.2330 (0.3270)	-0.2391 (0.3124)
企业年龄			-3.8065 ** (1.6288)	-3.1033 ** (1.5780)
产权性质			0.3167 (0.4860)	0.4358 (0.5514)
资产负债率			-2.0918 * (1.0707)	-2.4891 ** (1.2603)
流动资产比率			-3.5981 *** (1.1331)	-3.5933 *** (1.1072)
固定资产比率			0.8774 (1.5219)	1.0095 (1.5073)
资产收益率			-6.2727 *** (1.1381)	-6.7468 *** (1.1818)
托宾 Q 值			-0.1661 ** (0.0779)	-0.1828 ** (0.0764)
企业成长			-1.8659 *** (0.1970)	-1.9150 *** (0.2064)
股权集中度			-0.0252 (0.0183)	-0.0216 (0.0187)
独立董事比例			0.4110 (2.0990)	-0.6316 (2.0544)
薪酬激励			0.1979 (1.1059)	0.6008 (1.0806)

续表

变量	企业研发强度			
	（1）	（2）	（3）	（4）
行业竞争度			-94.3635 (116.4921)	0.0000 (0.5523)
常数项	9.2951*** (0.2611)	9.4974*** (0.0296)	30.3779*** (8.0467)	28.4281*** (7.9026)
企业固定效应	否	是	是	是
年份固定效应	否	是	是	是
省份—年份固定效应	否	否	否	是
行业—年份固定效应	否	否	否	是
R^2	0.0385	0.8430	0.8626	0.8755
样本量	4939	4827	4824	4766

注：括号内的值为在企业层面聚类估计的稳健性标准误（robust standard error）；***、**、*分别表示在1%、5%、10%水平上统计显著。以下各表同。

回归结果表明，在不同控制变量情形下，核心解释变量的显著性与系数方向均未出现根本性变化。以列（3）为例，政府创新补贴的回归系数在1%的统计水平上显著为正，说明政府创新补贴显著促进了数字企业的研发强度。从经济意义看，平均而言，政府创新补贴占营业收入的比重每提高一个单位，数字企业的研发强度将提高0.52个单位。这一结果初步验证了本章的假设1A，表明以研发、专利、人才、创新计划等为主要内容的政府创新补贴显著提升了数字企业的研发强度。

4.3.2 异质性分析

研发创新需要企业对自身资源禀赋、发展需求和外部环境做综合评估后进行审慎决策（刘诗源等，2020）。而不同类型的数字企业在资源基础、融资约束、研发能力等方面均存在较大差异。因此，有理由相信，政府创新补贴对不同类型数字企业研发强度的影响具有异质性。鉴于此，本章分别从不同企业生命周期、不同行业与不同制度环境视角，系统分析政府创新补贴影响数字企业研发强度的异质效应。

（1）企业生命周期异质性

政府创新补贴通过资金效应与认证效应，缓解企业研发所面临的融资约束问题，进而促进企业研发创新（Howell，2017）。由于不同生命周期的数字企业在融资约束方面可能存在较大差异，从而导致政府创新补贴对不同生命周期数字企业研发强度的影响存在异质性。为了检验假设2A，本章将样本企业划分为成长期、成熟期与衰退期三类样本，并在此基础上进行分样本回归。值得一提的是，鉴于现金流模式法既能够规避行业固有差异的干扰，也避免对生命周期的样本分布进行主观假设，具有较强的可操作性和客观性（Dickinson，2011；刘诗源等，2020），因此，本章采取现金流模式法对企业生命周期进行划分①，如图4.2所示。

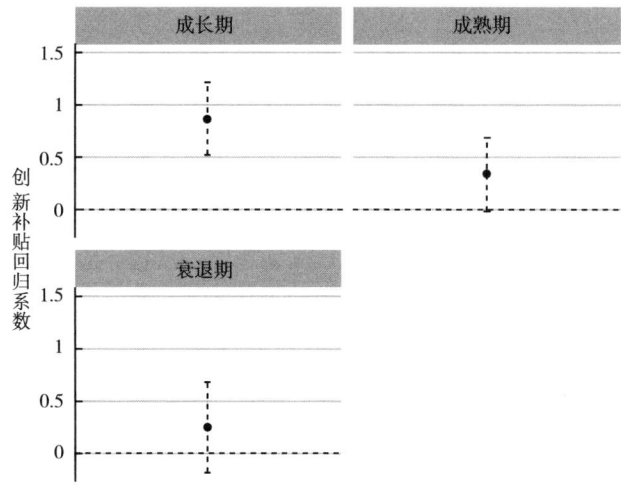

图4.2 企业生命周期异质性分析

注：图中展示的置信区间为95%置信区间，以下各图同。

图4.2的结果显示，政府创新补贴对成长期数字企业研发强度的影响最大，且最为显著，对成熟期与衰退期数字企业研发强度的影响较小，且显著性较低②。这表明，相对于成熟期与衰退期的数字企业，政府创新补贴对成长期

---

① 具体划分方法请参见Dickinson（2011）、刘诗源等（2020）。
② 在分组回归后，本书采用费舍尔组合检验方法，对政府创新补贴组间系数差异进行了检验。检验结果表明，组间系数差异P值均在10%以下，这表明组间系数存在显著性差异。

数字企业研发强度的影响效应更为明显。本章的研究发现与童锦治等（2018）明显不同。他们基于沪深两市A股上市公司数据，研究发现，财政补贴显著激励了成熟期企业的研发创新，对成长期和衰退期企业的影响较小。本章认为，可能的原因主要有二：一是我们剔除了社保稳岗补贴、财政贴息、拆迁补助等非创新补贴噪音对企业研发强度的影响，以政府创新补贴而非整体政府补贴作为解释变量；二是我们以轻资产、高技术的数字企业为研究对象，而它们所面临的融资约束情况与一般企业可能存在较大差异。

（2）行业异质性

行业背景的差异为微观企业提供了不同的机会与约束条件，从而不同行业的数字企业会实施不一样的研发创新策略。因此，我们认为，不同技术水平行业的数字企业研发创新行为对政府创新补贴的敏感度可能存在一定差异。为检验假设3A，本章首先将研究样本区分为计算机通信和其他电子设备制造业、信息传输业、软件和信息技术服务业等三个大类行业[①]。其次，由于数字经济核心产业均属于我国高技术产业，本章参考鲁桐和党印（2014）等做法，根据行业的研发强度均值及研发人员的占比均值情况判断行业的技术水平。最终，本章将软件和信息技术服务行业认定为技术水平更高的行业，将计算机通信和其他电子设备制造、信息传输业认定为技术水平相对更低的行业[②]，如图4.3所示。

图4.3的结果显示，政府创新补贴显著激励了软件和信息技术服务企业研发强度，对计算机通信和其他电子设备制造以及信息传输业企业研发强度的影响效应相对较小或者不显著。这表明，行业的技术水平越高，政府创新补贴对数字企业研发强度的激励效应越大。因此，本章的研究发现支持了假设$3A_1$，即政府创新补贴对高技术行业的数字企业研发强度具有更为显著的激励效应。

[①] 需要说明的是，鉴于电信广播电视和卫星传输服务业与互联网和相关服务业的样本量较少，本书根据国家统计局印发的《统计上大中小微型企业划分办法（2017）》（国统字〔2017〕213号），将电信广播电视和卫星传输服务与互联网和相关服务组合为信息传输业。

[②] 在本研究样本中，软件和信息技术服务行业的研发强度均值为13.19%，计算机通信和其他电子设备制造与信息传输业的均值分别为8.03%与8%。此外，前者的研发人员占比为42.25%，后两者分别为25.26%与28.16%。

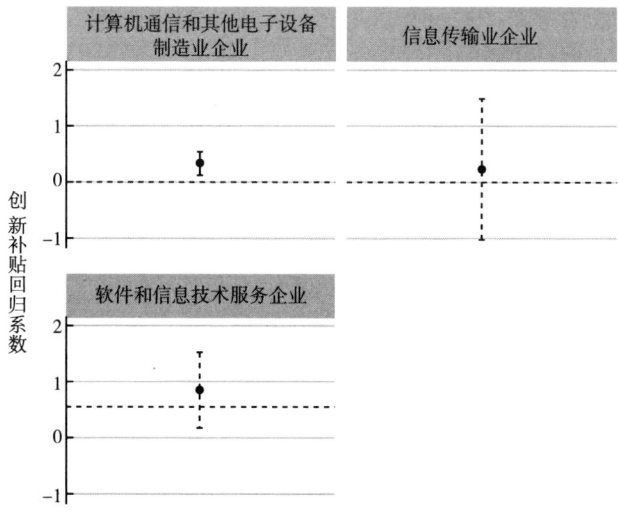

图 4.3 行业异质性分析

（3）制度环境异质性

在中国，由于资源禀赋和地理位置的差异以及历史原因，各个地区的制度环境差异显著。制度环境能够改变企业从事某一行为的收益和损失，从而影响企业的动机和决策偏好。在不同的制度环境背景下，政府与市场的关系、要素市场发育程度、金融发展水平等均存在明显的差异。为检验研究假设 4A，本章利用学术界广泛使用的樊纲市场化指数，分析政府创新补贴对不同制度环境下数字企业研发强度的异质性影响，如图 4.4 所示。

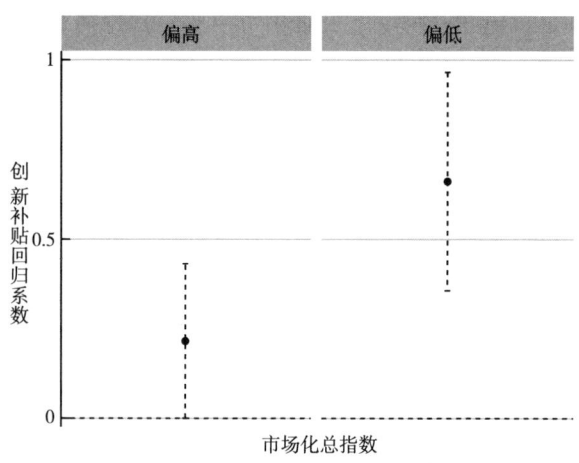

图 4.4 制度环境异质性分析

为了构造地区间的相对制度环境质量,本章利用历年《中国分省份市场化指数报告》相关数据,通过比较各省份市场化指数与全国均值来构造虚拟变量①。具体而言,如果该省份的市场化总指数低于全国市场化总指数均值,则赋值为1,代表该省份属于市场化总指数偏低地区;如果该省份的市场化总指数高于全国市场化总指数均值,则赋值为0,代表该省份属于市场化总指数偏高地区。在此基础上,根据样本企业所在的省份信息进行样本匹配划分并进行分样本回归。

图4.4的结果显示,相比市场化程度更高地区,政府创新补贴对市场化程度更低地区数字企业研发强度的影响效应更大,且更为显著。这表明,制度环境显著影响了政府创新补贴的绩效。本章认为,在制度环境相对较差的地区,由于政府对市场干预程度较深、要素市场发育不完全、金融市场发展滞后,从而造成数字企业面临更为严重的融资约束问题。而政府创新补贴是缓解金融抑制对企业研究创新活动的一种有效替代机制(张杰等,2015),此时,政府创新补贴影响数字企业研发强度的资金效应将更大。综上所述,本章的研究假设$4A_1$得到验证。

4.3.3 稳健性分析

为检验基准回归结果的可靠性,本章从以下几个方面进行了稳健性检验。第一,当期值回归。在基准回归中,本章假设政府创新补贴效应具有滞后性。鉴于部分学者采用政府创新补贴当期值对企业研发强度进行回归(张杰,2020),本部分亦采用政府创新补贴当期值回归,结果由表4.3的列(1)给出。第二,Heckman两步法回归。鉴于政府补贴领域可能存在挑选"赢家"的现象。此时,样本选择以及政府创新补贴与企业研发强度互为因果等因素将导致内生性问题的产生。有鉴于此,本章采用Heckman两步法进行稳健性检验。具体而言,借鉴郭玥(2018)、吴伟伟和张天一(2021)等思路,本章以企业上期的政府创新补贴及本省本行业的年度政府创新补贴均值作为排他性约

---

① 需要说明的是,由于在2016年进行了指标权重的调整,因此2016年前后的数据不可直接比较。为消除这一影响,本书以2012~2016年均值作为市场化指数的基本依据。

束变量，第一阶段的回归结果由表 4.3 的列（2）给出。引入第一阶段逆米尔斯比率后的回归结果由表 4.3 的列（3）给出。估计结果显示，逆米尔斯比率在 1% 的水平上显著，表明样本选择偏误确实可能存在。然而，引入逆米尔斯比率后，政府创新补贴的估计系数方向及显著性依然与基准结果保持一致。第三，调整样本回归。鉴于 2020 年度为新冠疫情暴发年度，且新冠疫情对于宏观经济和企业均产生了重要影响。这可能造成 2020 年及其以后年度政府对企业的补贴大幅增加（聂辉华等，2022）。基于此，本章将 2020~2022 年度的样本值进行剔除后进行再次回归，以排除特殊样本的影响。回归结果由表 4.3 的列（4）给出。表 4.3 的稳健性回归结果显示，政府创新补贴的系数始终显著为正，说明本章的基准研究结果高度稳健。

表 4.3 稳健性检验结果

变量	企业研发强度	政府创新补贴	企业研发强度	企业研发强度
	（1）	（2）	（3）	（4）
政府创新补贴	0.6645***		1.7707***	0.2855**
	(0.1539)		(0.1233)	(0.1436)
上期政府创新补贴		0.8114***		
		(0.0542)		
政府创新补贴均值		0.4596***		
		(0.1060)		
逆米尔斯比率			−5.0738***	
			(0.7352)	
控制变量	控制	控制	控制	控制
常数项	23.1672***	0.3722	−1.3251	35.4630***
	(6.6718)	(0.5804)	(3.8455)	(9.9044)
样本量	5804	4936	4936	2582

4.4 拓展性分析：额外激励效应与动态效应

本章的基准分析表明，政府创新补贴激励了数字企业的研发支出水平。然而，政府创新补贴是否具有额外激励效应？即政府创新补贴是否激励了数字企业私人研发支出？此外，政府创新补贴是否具有动态效应？即政府创新补贴对数字企业研发强度的影响是否具有持续性？无疑，上述问题的回答十分重要，因为政府补贴研发行为的初衷在于激励企业加大私人研发投入，实现社会福利最大化。接下来，本章进一步讨论政府创新补贴的额外激励效应与动态效应。

4.4.1 额外激励效应分析

企业的研发支出包括企业私人研发支出与政府补贴的研发支出（Zúñiga-Vicente 等，2014；Boeing 等，2022）[①]。当获得创新补贴的企业私人研发支出显著增加时，则说明政府创新补贴产生了额外激励效应，反之，则未产生额外激励效应。当前，国内大多数相关研究并未严格分解企业的研发支出。根据笔者掌握的文献，目前仅有李万福等（2017）、张杰（2020）、聂辉华等（2022）少数学者对此进行了区分。然而，遗憾的是，少量的相关研究结论不一，且缺乏针对数字企业的专门研究。例如，李万福等（2017）研究认为，政府创新补贴并未显著激励企业私人研发支出；聂辉华等（2022）则研究发现，政府创新补贴与企业私人研发支出呈现倒"U"形关系，但张杰（2020）却研究发现，政府创新补贴与企业私人研发支出呈现正"U"形关系。可见，政府创新补贴与数字企业私人研发支出的关系尚需进一步探讨。

为实证分析政府创新补贴的额外激励效应，本章借鉴相关文献做法（聂辉华等，2022；Boeing 等，2022），以企业研发支出扣减政府创新补贴的余额衡量数字企业私人研发支出，并以企业私人研发支出占营业收入的比重衡量数字企业私人研发支出强度。在此基础上，基于回归模型（1）进行了再次回归，结果由表4.4给出。其中，列（1）和列（2）分别为未加入和加入控制变量情形下政府创新补贴对数字企业私人研发强度的线性回归结果；列（3）和列（4）分别为未加入和加入控制变量情形下政府创新补贴对数字企业私人研发强度的非线性回归结果。

---

① 企业私人研发支出（firm's private R&D expenditure）又称为企业自有研发支出（firm's own R&D expenditure）、企业融资研发支出（firm-financed R&D expenditure）。

表 4.4　　　　　　　　　　　拓展分析：额外激励效应

变量	企业私人研发强度			
	（1）	（2）	（3）	（4）
政府创新补贴	0.1642 （0.1092）	0.1628 （0.1162）	0.5505*** （0.1779）	0.4999*** （0.1663）
创新补贴的平方			-0.0150*** （0.0046）	-0.0152*** （0.0044）
控制变量	未控制	控制	未控制	控制
常数项	9.3077*** （0.0362）	28.0134*** （7.7165）	9.2167*** （0.0532）	27.7357*** （7.5941）
企业固定效应	是	是	是	是
年份固定效应	是	是	是	是
R^2	0.8413	0.8600	0.8420	0.8608
样本量	4827	4824	4827	4824

回归结果显示，政府创新补贴对数字企业私人研发强度的线性影响不显著，但对数字企业私人研发强度的非线性影响较为显著。这表明，政府创新补贴与数字企业私人研发强度存在显著的倒"U"形关系。换言之，政府创新补贴的额外激励效应存在一个最优值。具体而言，以列（4）为例，容易计算得出，本样本企业的政府创新补贴最优值为 16.44%[①]，远高于样本企业的均值 0.34%。这说明，我国当前针对数字企业的政府创新补贴还处于倒"U"形的左侧底部。此时，政府创新补贴存在显著的额外激励效应，即政府创新补贴越大，数字企业的私人研发支出水平越高。由此可见，本章的研究结论进一步支持了聂辉华等（2022）等研究结论。

4.4.2　动态效应分析

为实证考察政府创新补贴对数字企业研发强度的长期、动态效应，本章在回归模型（1）中将政府创新补贴变量分别滞后 2~5 期进行回归，并与基准回归结果进行比较，回归结果由表 4.5 给出。

---

① 16.44 = 0.4999/（0.0152×2）。

表 4.5　　　　　　　　　　拓展分析：动态效应

变量	企业研发强度				
	(1)	(2)	(3)	(4)	(5)
	+1	+2	+3	+4	+5
政府创新补贴	0.5194***	0.2848***	0.2459**	0.1554	0.2268
	(0.0962)	(0.0843)	(0.1245)	(0.1743)	(0.1443)
控制变量	控制	控制	控制	控制	控制
常数项	30.3779***	31.4899***	31.3906**	36.8996**	27.0554*
	(8.0467)	(10.5364)	(12.8363)	(14.5000)	(14.5105)
企业固定效应	是	是	是	是	是
年份固定效应	是	是	是	是	是
R^2	0.8626	0.8654	0.8733	0.8880	0.9088
样本量	4824	3878	3182	2590	1976

回归结果显示，与滞后一期系数相比，滞后 2 期及滞后 3 期的政府创新补贴系数显著下降，而滞后 4 期及滞后 5 期的系数未能通过 10% 的显著性统计检验。这表明，政府创新补贴对数字企业研发强度的影响不具有动态性，即政府创新补贴对数字企业研发强度的影响是短期的，而非长期的。本章的相关研究结论与 Howell（2017）具有相似性。该文献基于美国 SBIR 项目数据，研究发现，早期阶段的政府补贴是有效的，而后期阶段的政府补贴是无效的。因此，我们认为，对数字企业的研发补贴是必要的，但也要认识到这种补贴效果不具有长期性与动态性。

4.5　本章小结

本章使用 2012～2022 年 A 股上市公司数据，并通过手工收集和关键词筛选方法获取政府创新补贴数据，实证考察政府创新补贴对数字企业技术创新的影响，得出以下研究结论。

第一，以研发、专利、人才、创新计划等为主要内容的政府创新补贴对数字企业技术创新具有显著的激励作用，且该结论在考虑研究模型、研究方法、研究样本等因素后依然成立。这表明，我国当前的政府创新补贴显著促进了数字企业技术创新。

第二，异质性分析表明，对于成长期、高技术行业及较低制度环境地区的数字企业而言，政府创新补贴对企业技术创新的影响效应更加显著。

第三，进一步的拓展性分析发现，政府创新补贴与数字企业私人研发强度存在显著的倒"U"形关系。这意味着，政府创新补贴的额外激励效应存在一个最优值。数据分析显示，我国当前针对数字企业的政府创新补贴还处于倒"U"形的左侧底部。动态效应分析发现，与滞后一期系数相比，滞后2期及以上的政府创新补贴系数显著下降，而且未能通过10%的显著性统计检验。这表明，政府创新补贴对数字企业技术创新的影响效应不具有动态性。

5 税收优惠影响数字企业技术创新的实证分析

5.1 研究假说的提出

研发创新的外部性特征以及信息不对称导致的融资约束问题将使得整个社会出现研发投入不足现象。与一般经济形态相比，以数据作为关键生产要素的数字经济创新具有创新频率更高、外部性更强、覆盖范围更广等新特征，从而导致数字企业的研发投入面临更为严重的市场失灵问题。因此，采取包括政府补贴、税收优惠等在内的财税政策对数字企业研发投入行为进行合理干预，不仅具有深厚的理论基础，而且具有实践普遍性[①]。

一般认为，税收优惠政策指的是国家通过采取与现行税制基本结构相背离的税收制度给予纳税人的各种优惠性税收待遇，使其税负减轻，进而达到鼓励特定纳税人及其活动的目的，促进和扶持经济发展的一种特殊支出（柳光强，2016）[②]。作为创新激励的主要供给侧政策工具，税收优惠政策与政府补贴政策存在明显的不同。首先，政府补贴属于事前激励，具有较为明显的选择性特征；而税收优惠属于事后激励，呈现出中性特征，即受政府的直接干预相对较少。其次，与政府补贴政策相比，税收优惠政策相对更为规范，从而具有更强的稳定性和可预期性。通常而言，税收优惠政策以法律法规或部门规章形式存

---

① 从实践来看，包括发达国家与发展国家在内的世界各国普遍对企业研发投资等创新领域进行政府补贴和税收抵免等，只不过有的比较"明显"，有的比较"隐匿"。

② 我国税收优惠政策包括减免税、加计扣除、加速折旧、减计收入、投资抵免、起征点、免征额、加计抵减等多种形式，可以划分为税基优惠、税额优惠和税率优惠。这些税收优惠政策涵盖了基础研究、研究开发、成果转化等创新链的全过程。

在，在税收法定原则下，税收优惠政策一旦实施，通常相对稳定，从而能够给企业提供较为明确的预期。最后，相比于政府补贴政策，税收优惠政策所产生的交易费用相对较少，从而对市场产生的扭曲相对更少并能够更加有效地促进企业技术创新[①]。可见，作为事后激励工具，税收优惠政策能够尽量规避"挑选输家"或"挑选赢家"等风险，并最大化降低政策执行过程中的交易费用，从而是一种市场友好型的创新激励工具。

作为一种市场型激励手段，税收优惠政策通过直接降低研发成本和研发风险、缓解企业融资约束、引导高素质人才集聚等机制激励数字企业加大研发投入。

首先，税收优惠政策不仅可以降低数字企业的研发成本，还可以缓解外部性引致的市场失灵问题，进而激励数字企业加大研发投入。研发活动的正外部性导致其社会收益超过了私人收益，从而出现社会投入不足现象。税收优惠政策可以有效地弥补企业研发投入的外部性损失，实现帕累托改进（Greenwald 和 Stiglitz，1986）。具体而言，诸如研发费用加计扣除、低税率等税收优惠将直接导致企业税收成本的下降，从而使得更多的研发活动收益能够被内部化，进而激励企业加大研发投入。如图5.1所示，税收优惠使得企业的研发边际成本由 MC_0 下移至 MC_1，均衡点由 E_0 右移至 E_1，相应地，研发投入水平由 I_0 增加至 I_1。可见，通过降低企业研发成本，税收优惠可以激励数字企业加大研发投入。

与此同时，包括研发费用加计扣除、固定资产加速折旧等政策在内的税收优惠本质上具有降低企业研发风险的功能。具体地，如果企业从事风险活动的相关损失可以冲减应纳税所得额，那么政府对企业征收所得税在某种程度上就分担了企业投资失败的部分风险。此时，税收优惠政策事实上承担着部分研发风险，从而能够在一定程度上降低企业研发所面临的风险，进而激励数字企业加大研发投入。

其次，税收优惠可以缓解企业融资约束，进而激励数字企业加大研发投入。融资约束是中国非金融类上市公司发展面临的主要障碍（王春元和叶伟

[①] 周燕和潘遥（2019）认为政府补贴会产生包括政策制订的信息费用、政策执行的费用、政策退出的费用、破坏市场竞争准则的费用、企业发展的费用，以及寻租的费用等6大方面的交易费用。

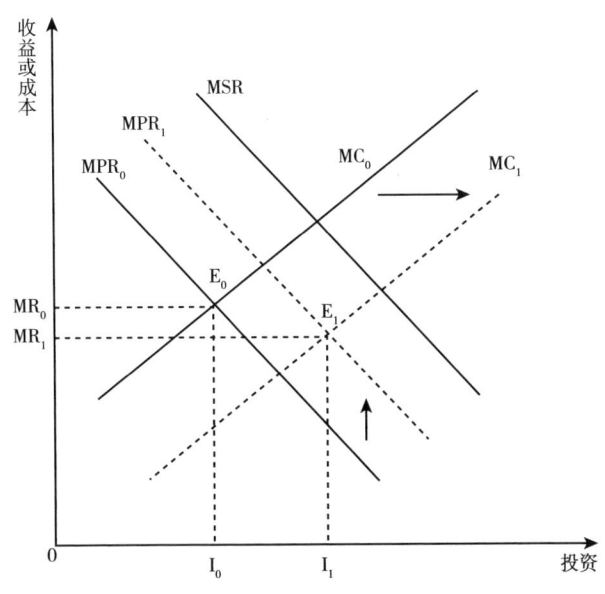

图 5.1 税收优惠与企业研发投资

巍,2018)。理论上,与一般企业相比,数字企业面临更为严重的市场失灵问题,因此,其研发活动可能面临更为严重的融资约束障碍。我们都知道,企业的税收负担直接影响着其内部现金流状况。如果增加税收,则会直接减少企业内部的现金流,反之,如果减少税收,则会直接增加企业内部的现金流。作为内源融资的基础,内部现金流是企业研发创新的主要资金来源之一(Himmelberg 和 Petersen,1994)。当然,如果内源融资无法实现,企业会转向外源融资。但在资本市场不完备的情形下,企业通过外源融资的成本通常较高,无法使企业达到最优投资水平,进而形成融资约束。据此,减免税、低税率等形式的税收优惠可以直接降低企业的税收成本,减轻企业的税收负担并增加企业的内部现金流,从而有效缓解企业的融资约束。与此同时,税收优惠还可以通过信号机制缓解数字企业的融资约束问题。根据信号理论,如果企业被贴上被政府认可的标签,则将更容易地在资本市场中获取外部融资。在现实中,诸如高新技术企业低税率、研发费用加计扣除等税收优惠具有鲜明的国家战略导向,从而能够给银行和投资者发出积极信号。因此,享有税收优惠的企业还能够通过信号传递机制,从外部市场获取资金资源,从而缓解融资约束问题。

最后，税收优惠可以引导高素质人才向数字企业集聚，进而激励数字企业加大研发投入。创新是第一动力，人才是第一资源。作为一种新的经济形态，数字经济是典型的技术密集型行业。在坚持创新引领的原则下，为推动数字经济高质量发展，高素质的人才汇聚必不可少。然而，我国当前存在较为严重的人力资本错配问题，即大量拥有科学和工程技术学位的毕业生选择进入高收入的垄断行业，而非生产型或科技创新型企业（李静等，2017）。而针对高技术企业的税收优惠能够在一定程度上改善人力资本错配的问题（杨国超和芮萌，2020）。原因在于，高素质人才能够从税收优惠中获益更多。有学者研究发现，企业能够将51%的税收成本转嫁给员工（Fuest等，2018），这意味着，税收优惠导致的税收成本下降会间接惠及员工。可见，税收优惠可以引导高素质人才向数字经济产业集聚，从而激励数字企业加大研发投入。

综上所述，由于市场失灵问题，数字企业研发会出现投入不足的现象。税收优惠能够通过直接降低研发成本和研发风险、缓解融资约束、引导高素质人才集聚等机制克服研发投入领域的市场失灵问题，最终激励数字企业加大研发投入。基于以上分析，本章提出如下具体假设。

假设1B：税收优惠可以有效激励数字企业加大研发投入。

企业的研发创新是一个系统性工程，会受到不同因素的制约及影响。因此，税收优惠对数字企业研发的激励效果也会受到企业资源基础、盈利状况及研发创新意愿的影响。

首先，在不同融资约束情形下，税收优惠对数字企业的研发投入会有不同的激励效果。融资约束是企业研发创新的主要障碍之一，相应地，缓解融资约束是税收优惠作用于数字企业研发投入的重要渠道。然而，现实中的数字企业所面临的融资约束程度不一，这将导致税收优惠的激励效果存在明显差异。具体地，当企业的内部现金流较为充足，或者外部融资渠道较为畅通时，企业所面临的融资约束程度就较为低下。此时，税收优惠缓解融资约束的边际效应就相对较小，进而导致税收优惠对数字企业研发投入的激励效果较弱。反之，当企业面临内源融资不足且外源融资困难时，企业所面临的融资约束程度就较为严重。此时，税收优惠通过直接的资金效应和间接的信号效应，可以显著改善企业的资金流状况并有效缓解企业的融资约束问题，进而激励数字企业加大研发投入。因此，与融资约束程度较低的企业相比，税收优惠对融资约束严重的数字企业研发投入具有更为显著的激励效应。

其次，与欧美等国家不同，中国存在较高比例的国有企业，且它们与民营企业共同存在于经济体系中。然而，从融资约束方面来看，国有企业与民营企业则存在明显不同，税收优惠对不同性质的数字企业研发投入可能产生明显不同的激励效果。一般来说，民营企业普遍面临较为严重的融资约束问题，但国有企业的融资约束程度却较低。一方面，我国的国有企业主要处于产业链的上游，具有较强的垄断性，盈利能力强，内部资金雄厚。例如，2022年，全国国有及国有控股企业营业总收入达825967.4亿元，同比增长8.3%[①]。另一方面，凭借与政府的天然关系，国有企业能够较为容易且以较低成本获取外部金融资源。例如，国有企业能够以明显更低的利率获得银行贷款等。可见，无论是从内源融资来看，还是从外源融资来看，国有企业所面临的融资约束程度均较低。因此，与国有企业相比，税收优惠对民营数字企业研发投入的激励效应更为显著。

再次，在不同盈利状况下，税收优惠对数字企业的研发投入会有不同的激励效果。企业的盈利状况不仅直接影响着企业内部现金流，而且决定了企业能否实质性享受税收优惠及其程度。如第三章所述，我国当前激励数字企业创新发展的税收政策以企业所得税优惠政策为主导，包括研发费用加计扣除政策、固定资产加速折旧政策、高技术企业低税率政策以及其他减免政策等。然而，这些税收优惠政策能否给企业带来"真金白银"取决于一个内在前提，即企业具有可供抵扣的税前利润。具体地，当企业处于亏损状态时，由于缺乏可供抵扣的税前利润，税收优惠政策并不能给企业带来实质性利益，因而对它们而言是无效的，降低研发成本和缓解融资约束的机制此时也是无效的。而当企业处于盈利状态时，由于具有充足的可供抵扣的税前利润，此时的税收优惠则可以直接降低企业的税负成本，增加企业的内部现金流并有效缓解企业的融资约束问题，从而产生显著的激励效应。由此可见，与亏损状况的数字企业不同，税收优惠可以有效缓解盈利状况的数字企业融资约束问题，进而激励企业加大研发投入。

最后，在不同研发创新意愿情形下，税收优惠对数字企业研发投入会有不

---

① 中国政府网：https：//www.gov.cn/xinwen/2023-01/30/content_5739270.htm。

同的激励效果。企业的研发创新意愿会对产业政策的激励效果产生重要影响。在实践中，由于信息不对称，企业可能会采取策略性行为，从而削弱产业政策的激励效果。例如，有学者研究发现，在政策制定者信号甄别机制缺失或失效的情况下，企业通过聘请一些并未实际参加研发工作的人员到企业名下挂名或者购置一些并不实际使用的先进研发设备向政府释放虚假信号，从而达到欺骗政策制定者的目的（安同良等，2009）。事实上，当企业预期能够获得更多税收优惠时，它们会进一步采取策略性创新行为，即为了"寻扶持"而增加创新"数量"，但并未进行实质性创新（黎文靖和郑曼妮，2016）。我们都知道，我国对高新技术企业实施了低税率等系列税收优惠政策，但高新技术企业的认定需要满足相应条件。例如，研发投入占销售收入的比重就是一个重要的门槛。然而，诸如针对高新技术企业的税收优惠政策也可能会诱发企业的逆向选择行为，即为了获取税收优惠而有意迎合政策要求。在实践中，企业可能通过操纵研发来迎合政策要求，进而享受税收优惠。有学者研究发现，我国上市公司的研发投入占销售收入之比的分布在法规门槛处显著不连续，且研发投入占销售收入之比的分布在法规门槛之上存在群聚现象，从而证明了研发操纵现象的存在（杨国超等，2017）。显然，对于采取研发操纵等策略性行为迎合政策要求的企业而言，其研发创新意愿并不强烈，所列出的"研发支出"也并未真正用于研发支出，而仅仅是为了获得税收优惠、政府补助等政府资源。显然，对于这种"伪高新技术企业"而言，税收优惠难以对其研发投入产生影响。但是，对于真正有志于提升技术创新能力和市场竞争力的企业而言，其研发投入是真实存在且真正用于研发的，此时税收优惠可以降低它们的研发成本并有效缓解其融资约束问题，从而激励它们加大研发投入。

基于以上分析，本章提出如下假设。

假设2B：与融资约束程度较低的数字企业相比，税收优惠对融资约束程度较高的数字企业研发投入具有更为显著的激励效应。

假设3B：与国有数字企业相比，税收优惠对非国有数字企业研发投入具有更为显著的激励效应。

假设4B：与亏损状况的数字企业相比，税收优惠对盈利状况的数字企业研发投入具有更为显著的激励效应。

假设5B：与存在研发操纵的数字企业相比，税收优惠对无研发操纵的数字企业研发投入具有更为显著的激励效应。

5.2 研究设计

5.2.1 数据来源与说明

本章的研究样本为 2012～2022 年 A 股数字企业上市公司①。相关原始数据主要来源于国泰安中国经济金融研究数据库（CSMAR）与中国研究数据服务平台（CNRDS）。相关数据说明已在第四章进行了描述，在此不再赘述。

参照既有研究的通行做法，对数据进行了如下处理：（1）剔除 ST 类公司样本；（2）剔除税收优惠小于 0 和大于 0.25 的异常样本，剔除关键变量缺失的样本；（3）为减轻异常值对估计结果的影响，对所有连续变量进行了 1% 和 99% 百分位的缩尾处理。最终，本研究共计获得包含 979 家公司的 4627 个有效样本。

5.2.2 变量定义与描述

（1）被解释变量：企业技术创新。目前学术界对企业技术创新测度已形成共识的有两大类基本指标，即研发投入为代表的创新起点和以专利申请为代表的创新终点（安同良等，2020）。鉴于数据的可获得性与完整性，本章从研发投入视角测度企业技术创新。借鉴既有文献的主流做法（郭玥，2018；刘诗源等，2020），以研发强度测度企业技术创新，即以研发支出占营业收入的百分比衡量企业技术创新。

（2）核心解释变量：税收优惠。税收优惠政策是国家通过采取与现行税制基本结构相背离的税收制度给予纳税人的各种优惠性税收待遇。它能够降低企业税负，进而达到补贴特定纳税人及其活动的目的，是促进和扶持经济发展的一种特殊支出（柳光强，2016）。在激励数字企业技术创新的税收优惠政策

---

① 第二章已介绍数字企业选择的相关说明，对此不再赘述。

中，涉及了企业所得税、增值税、个人所得税、关税等税种，其中企业所得税优惠政策占主导。基于此，本章以企业所得税优惠作为税收优惠的代理变量。此外，企业所得税优惠包括税率优惠、税基优惠和税额优惠，其综合体现为实际所得税率的降低（吴文锋等，2009；杨国超等，2017；张克中等，2020）。因此，本章以企业所得税的法定税率与实际税率之差的百分比衡量税收优惠力度。其中，实际税率＝应缴所得税费用/（税前利润总额－递延所得税费用/名义所得税税率）。在稳健性分析中，本章也尝试用应缴所得税费除以税前利润总额来衡量实际税率，发现研究结论保持一致。我们认为，该度量方法能够较为综合地体现税率优惠、税基优惠与税额优惠。事实上，杨杨等（2013）、储德银等（2017）、陈远燕等（2018）等学者也采用该思路度量税收优惠。

（3）控制变量。为减轻因遗漏变量而导致的估计偏差，参照既有主流研究的做法，本章在回归方程中控制了一系列影响企业技术创新的特征变量（冯根福等，2021）。具体变量定义请参照第四章节相关部分，在此不再赘述。

（4）变量描述。表5.1的主要变量的描述性统计结果显示，在本研究样本中，企业研发投入占营业收入的均值为9.362%，这表明我国数字企业表现出较高的研发意愿。此外，统计信息也显示，不同数字企业之间的研发强度存在较大差异，最大值与最小值分别为33.14%与0，标准差为7.159。样本企业的税收优惠均值为14.22%，该值约占法定税率的56.88%。这表明，整体而言，我国数字企业享受了较多的税收优惠。此外，税收优惠的最大值与最小值分别为25%与0，这说明，不同数字企业所享受的税收优惠力度存在一定差异。其他变量的描述性统计信息如表5.1所示。

表5.1　　主要变量的描述性统计

变量名称	样本量	最小值	最大值	均值	中位数	标准差
研发强度	4627	0	33.14	9.362	6.88	7.159
税收优惠	4627	0.0418	25	14.22	13.88	5.53
企业规模	4627	18.8	27.17	21.81	21.66	1.134
企业年龄	4627	1.099	4.159	2.825	2.833	0.353
所有权性质	4627	0	1	0.191	0	0.393
资产负债率	4627	0.0156	3.221	0.329	0.306	0.19

续表

变量名称	样本量	最小值	最大值	均值	中位数	标准差
流动资产比率	4627	0.0811	0.969	0.668	0.684	0.18
固定资产比率	4627	0	0.675	0.137	0.0962	0.123
资产收益率	4627	−1.48	7.747	0.0494	0.051	0.142
托宾Q值	4627	0.843	9.181	2.513	2.051	1.501
企业成长	4625	−0.593	2.694	0.198	0.142	0.375
股权集中度	4627	8.357	74.24	29.84	27.85	13.53
独立董事比例	4625	0.2	0.667	0.383	0.375	0.0543
薪酬激励	4627	0	0.821	0.204	0.147	0.211
行业竞争度	4627	0.0019	0.0482	0.0044	0.0024	0.008

5.2.3 模型构建

为定量考察税收优惠对数字企业技术创新的影响效应，本章采用如下的双向固定效应模型[①]。

$$Y_{it} = \beta_0 + \beta_1 taxprefer_{it} + \sum X_{it} + \varphi_i + \pi_t + \varepsilon_{it} \tag{5.1}$$

其中，被解释变量 Y_i 表示数字企业研发强度；解释变量 $taxprefer_{it}$ 是税收优惠指标；X 是影响企业技术创新的控制变量矩阵；φ_i 表示企业个体固定效应，用以控制不随时间变化的因素；π_t 表示年份固定效应，用以控制不随企业变化的共同宏观经济冲击等；ε_{it} 是随机干扰项。

在计量回归前，本章绘制了税收优惠力度与数字企业研发强度的关系散点图，以初步考察税收优惠与数字企业技术创新的关系。图5.2的散点图显示，在不控制其他变量的情形下，税收优惠力度与企业研发强度呈现正向相关关系。当然，散点图分析是在未控制其他变量情形下的简单分析，并不能揭示变量间的真实关系，本章将在后文通过计量分析来检验和揭示它们之间的具体相关关系。

---

① 为高效地估计个体效应与年份效应，本章在具体分析过程中，采用高维固定效应命令（reghdfe）进行估计。一般而言，政府补贴与政府采购政策的创新效应具有滞后性，但税收优惠政策的创新效应具有即时性。因此，本章采用当期的税收优惠对数字企业技术创新进行回归。

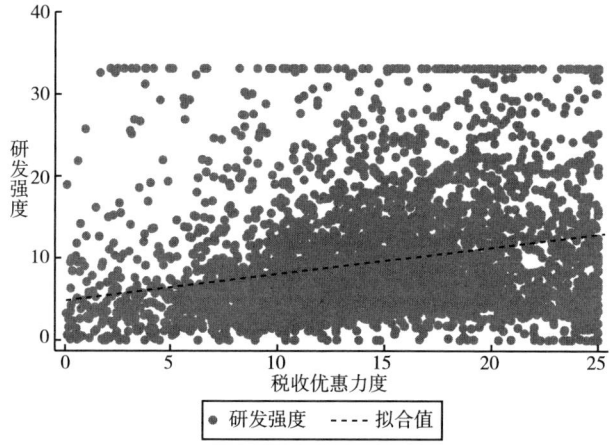

图 5.2 税收优惠力度与数字企业研发强度的关系

5.3 实证结果与分析

5.3.1 基准回归结果分析

利用前文设定的计量模型,借助 STATA 统计软件,我们对模型进行了参数估计,相关基准回归结果由表 5.2 给出。其中,列(1)为企业研发强度对税收优惠的单变量回归,列(2)是控制企业规模和企业年龄的多元回归,列(3)与列(4)是进一步控制其他变量的多元回归,列(5)与列(6)则是进一步控制企业固定效应和年份固定效应的多元回归。

表 5.2　　　　　　　　　　基准回归结果

变量	企业研发强度					
	(1)	(2)	(3)	(4)	(5)	(6)
税收优惠	0.3185*** (0.0318)	0.3184*** (0.0317)	0.2824*** (0.0279)	0.2865*** (0.0257)	0.0476*** (0.0149)	0.0438*** (0.0149)
企业规模		-0.5531*** (0.1764)	0.5853*** (0.1906)	0.7840*** (0.1934)	0.0438 (0.2860)	-0.0501 (0.3024)
企业年龄		-1.2683** (0.5549)	-1.2329** (0.5102)	-1.4887*** (0.4877)	1.9280** (0.7634)	-1.7913 (1.4617)

续表

变量	企业研发强度					
	（1）	（2）	（3）	（4）	（5）	（6）
产权性质			-1.5355*** (0.4852)	-0.4605 (0.4748)	-0.2123 (0.4429)	-0.0783 (0.4504)
资产负债率			-10.5539*** (1.1444)	-10.6357*** (1.1114)	-6.3581*** (1.0625)	-6.3226*** (1.0664)
流动资产比率			-4.7130*** (1.3635)	-5.2683*** (1.3754)	-2.0156* (1.1551)	-2.4300** (1.1428)
固定资产比率			-15.4955*** (1.6736)	-14.4812*** (1.6776)	3.4083** (1.4294)	2.9618** (1.4360)
资产收益率			-6.1136** (2.6634)	-5.9947** (2.6098)	-11.1497*** (1.7681)	-10.9751*** (1.7484)
托宾 Q 值			0.7959*** (0.1455)	0.8011*** (0.1430)	-0.0039 (0.0645)	-0.0394 (0.0760)
企业成长			-1.9535*** (0.3211)	-2.0770*** (0.3169)	-1.4960*** (0.1950)	-1.4387*** (0.1979)
股权集中度				-0.0483*** (0.0119)	-0.0329* (0.0187)	-0.0304 (0.0190)
独立董事比例				1.4174 (3.1910)	2.6766 (2.1742)	2.4548 (2.1513)
薪酬激励				2.4751*** (0.9544)	0.7472 (1.0167)	0.8514 (1.0107)
行业竞争度				-112.9308*** (19.4010)	-8.8199 (55.4171)	-2.1557 (50.3129)
常数项	4.8340*** (0.4454)	20.4797*** (3.6839)	3.7963 (4.2794)	1.0772 (4.5531)	5.9266 (5.9555)	18.8879** (7.8312)
企业固定效应	NO	NO	NO	NO	YES	YES
年份固定效应	NO	NO	NO	NO	NO	YES
R^2	0.0605	0.0746	0.2480	0.2735	0.8582	0.8600
F 统计量	100.3752	46.8940	42.9433	36.7482	17.5819	13.4732
样本量	4627	4627	4625	4623	4436	4436

表 5.2 的回归结果显示，在不同的估计方程中，税收优惠的估计系数始终在 1% 的水平上显著为正。这表明，税收优惠对数字企业的研发投入产生了显著的促进作用。具体而言，以列（6）为例，在控制了固定效应与年份效应

后,税收优惠的估计系数为 0.0438。这意味着,平均而言,税收优惠力度每提高 1 个单位,我国数字企业的研发强度将提高 4.38%。这表明,我国以低税率、加速折旧、加计扣除等为主要内容的税收优惠政策对数字企业技术创新产生了重要的激励作用。本章的研究假设 1B 得到初步验证。本章认为,这种激励效应可能源于两个方面:第一,税收优惠政策直接降低了企业研发投入的边际成本(Eisner 等,1984;Mansfield,1986),让更多的研发活动收益内部化,从而激励我国数字企业增加研发投入;第二,减免税、低税率等形式的税收优惠可以直接降低企业的税收成本,减轻企业的税收负担并增加企业的内部现金流,从而有效缓解企业融资约束问题。

5.3.2 作用机制分析

作为一种市场友好型的激励政策,税收优惠主要通过缓解企业的融资约束,进而促进数字企业研发创新。进一步地,这种作用机制可以分解为直接机制与间接机制。一方面,税收减免、研发加计扣除等税收优惠政策能够直接降低企业研发投入的边际成本,增加企业的内部现金流,提高创新回报率(Hall 和 Reenen,2000;Akcigit 等,2022),进而激励企业增加研发投入,此为直接机制;另一方面,诸如针对高新技术企业的低税率等税收优惠作为政府支持的重要形式,通过向银行等金融机构或风险投资者进行积极信号发送,有助于提高金融市场对企业研发创新活动的支持力度,并吸引风险投资等股权资本进入企业,缓解企业的融资约束问题(Kasahara 等,2014;刘放等,2016),进而激励企业加大研发投入,此为间接机制。

为检验税收优惠影响数字企业研发投入的作用机制,本章分别以融资约束和风险投资对税收优惠进行计量回归。具体而言,以 SA 指数衡量企业的融资约束程度[①]。如果直接机制成立,那么税收优惠应该显著缓解数字企业的融资约束问题。如果间接机制成立,那么税收优惠应该显著提高数字企业获得风险

---

① SA 指数是衡量融资约束的经典指标,绝对值越大,表明融资约束问题越严重。具体计算式为:$SA = -0.737 \times size + 0.043 \times size^2 - 0.04 \times age$。

投资的概率①。

表 5.3 报告了作用机制检验的相关结果。其中，列（1）~列（3）为 SA 指数对税收优惠在不同控制变量情形下的双向固定效应模型回归，列（4）~列（6）为风险投资哑变量对税收优惠在不同控制变量情形下的 Probit 模型回归。估计结果显示，在控制企业固定效应和年份固定效应后，税收优惠依然显著影响了企业的融资约束，而且系数为正。这表明，税收优惠能够有效缓解数字企业的融资约束问题。因此，税收优惠影响数字企业研发投入的直接机制成立。与此同时，估计结果表明，在控制了省份、行业及年份虚拟变量后，税收优惠对风险投资的影响系数不再显著。这意味着，税收优惠通过吸引风险投资影响数字企业技术创新的可能性较小。因此，税收优惠影响数字企业研发投入的间接机制未能获得经验上的支持。究其原因，这可能与高新技术企业认定中普遍存在的"研发操纵"现象有关。具体而言，"研发操纵"现象极大地削弱了税收优惠的信号效应，进而降低其创新激励效应（杨国超等，2017；Chen 等，2021）。以上结果表明，税收优惠主要通过直接机制影响我国数字企业的研发投入。

表 5.3 作用机制检验

被解释变量	直接机制：SA 指数			间接机制：风险投资哑变量		
解释变量	(1)	(2)	(3)	(4)	(5)	(6)
税收优惠	-0.0244** (0.0103)	-0.0014** (0.0006)	0.0005** (0.0002)	-0.0129** (0.0053)	-0.0113** (0.0053)	-0.0009 (0.0057)
常数项	36.8054*** (0.2937)	-21.5276*** (0.1979)	-20.7709*** (0.2221)	-0.5860*** (0.0840)	-2.9600*** (0.9534)	-4.2016*** (1.1076)
企业特征变量	NO	YES	YES	NO	YES	YES
企业固定效应	NO	NO	YES	—	—	—
年份固定效应	NO	NO	YES	—	—	—
省份虚拟变量	—	—	—	NO	NO	YES
行业虚拟变量	—	—	—	NO	NO	YES

---

① 本书以上市公司前十大股东中是否含有风险投资机构识别企业是否获得了风险投资支持。如果公司的前十大股东名称中含有"风险投资""创业投资""创新投资"等字眼，则判定该企业在当年获得了风险投资支持，赋值为 1，否则为 0。

续表

被解释变量	直接机制：SA 指数			间接机制：风险投资哑变量		
R^2/Pseudo R^2	0.0020	0.9991	0.9998	0.0025	0.0348	0.1225
F/Wald chi2	2.0286	24620	15698	6.04	69.08	2138
样本量	4627	4623	4436	4627	4623	4595

5.3.3 异质性分析

不同企业在资源基础、融资约束、激励机制与盈利状况等方面均存在显著差异。当面临不同约束条件时，企业会采取不同的创新策略与创新方式。在我国，不同融资约束程度、盈利状况、研发意愿、行业的企业所面临的资源约束和目标函数均存在明显的差异，因而导致企业研发决策对税收优惠的敏感度呈现出显著的异质性。鉴于此，本章分别从融资约束程度、企业性质、盈利状况、研发操纵与行业属性等不同维度，系统考察税收优惠对数字企业技术创新的异质性影响。

首先，本章对不同融资约束与企业性质的样本企业展开分组回归分析。一是通过 SA 指数进行划分，将 SA 指数位于中位数以上的企业划归为融资约束程度较高样本，其他则划分为融资约束程度较低样本。二是根据实际控制人的性质，将样本划分为国有企业与非国有企业。分样本的估计结果由表 5.4 给出。估计结果显示，在融资约束程度较高和非国有企业样本中，税收优惠的估计系数显著为正，但在融资约束程度较低和国有企业样本中，税收优惠的估计系数虽然为正，但未能通过显著性检验。这表明，税收优惠仅对融资约束程度较高的数字企业研发强度产生了显著的促进作用。当企业面临内源融资不足且外源融资困难时，税收优惠通过直接的资金效应和间接的信号效应，可以显著改善企业的资金流状况并有效缓解企业的融资约束问题，进而激励数字企业加大研发投入。然而，当企业所面临的融资约束程度较为低下时，税收优惠缓解融资约束的边际效应就相对较小，进而导致税收优惠对数字企业研发投入的激励效果较弱。类似地，由于国有企业面临的融资约束程度较低，因此税收优惠通过缓解融资约束影响研发投入的效应较弱。但非国有企业一般面临较为严重的融资约束问题，从而导致税收优惠能够通过缓解融资约束显著激励数字企业加大研发投入。综上所述,研究假设 2B 与假设 3B 得到验证。

表 5.4 融资约束与企业性质异质性检验

解释变量	被解释变量:企业研发强度			
	(1)	(2)	(3)	(4)
	融资约束程度较低	融资约束程度较高	国有企业	非国有企业
税收优惠	0.0305 (0.0215)	0.0562*** (0.0176)	0.0061 (0.0284)	0.0387** (0.0172)
企业特征变量	YES	YES	YES	YES
企业固定效应	YES	YES	YES	YES
年份固定效应	YES	YES	YES	YES
常数项	9.9846 (11.4234)	30.0436** (13.4651)	15.2964 (38.5800)	20.0335** (8.5668)
R^2	0.8633	0.9002	0.8348	0.8648
样本量	2421	1929	847	3541

其次,本章对不同盈利状况的样本企业开展分组回归分析。基于企业的净利润状况,本章将样本企业划分为盈利状态样本与亏损状态样本[①]。分样本估计结果由表 5.5 给出,其中列(1)与列(2)为未控制企业固定效应和年份效应的估计结果,列(3)与列(4)为控制企业固定效应与年份效应的估计结果[②]。分样本的回归结果显示,税收优惠的估计系数在盈利状态样本中显著为正,但在亏损状态样本中系数为负且不显著。这表明,税收优惠主要对盈利状态的数字企业研发投入产生显著激励作用,对亏损状态的企业研发投入并未产生显著影响。这主要是因为,只有当企业处于盈利状态时,企业才具有充足的可供抵扣的税前利润,此时的税收优惠则可以直接降低企业的税负成本,增加企业的内部现金流并有效缓解企业的融资约束,从而产生显著的激励效应。综上所述,本章的研究假设 4B 得到验证。

[①] 净利润大于 0 的划分为盈利状态样本,净利润小于 0 的划分于亏损状态样本。
[②] 需要指出的是,当使用高维固定效应估计命令"reghdfe"时,在控制双向固定效应后,会自动删除只有一个观测值的样本企业(singleton observations)。因此,控制与未控制双向固定效应的估计样本量会出现一点的差异性。

表 5.5 盈利状况异质性检验

解释变量	被解释变量：企业研发强度			
	（1）	（2）	（3）	（4）
	盈利状态	亏损状态	盈利状态	亏损状态
税收优惠	0.3208*** (0.0268)	-0.1325 (0.0848)	0.0732*** (0.0145)	-0.0321 (0.0623)
企业特征变量	YES	YES	YES	YES
企业固定效应	NO	NO	YES	YES
年份固定效应	NO	NO	YES	YES
常数项	-2.3126 (4.4293)	21.4662 (17.8892)	22.6760*** (7.9612)	68.9509 (55.6945)
R^2	0.2964	0.2726	0.8783	0.9022
样本量	4269	354	4065	187

再次，本章对不同研发意愿情形下的样本开展分组回归分析。为深入分析数字企业的策略性行为，本章借鉴杨国超等（2017）做法，以研发操纵来识别企业的研发策略性行为并深入分析其对税收优惠政策激励效果的影响①。基于我国高新技术企业认定的制度事实，以 1% 作为临界点构造研发操纵哑变量。具体而言，当企业销售收入小于 2 亿元时，如果企业研发投入占销售收入比重介于 4%～5% 时，则定义企业存在研发操纵行为；当企业销售收入大于等于 2 亿元时，如果企业研发投入占销售收入比重介于 3%～4% 时，则定义企业存在研发操纵行为。分样本估计结果由表 5.6 给出。估计结果显示，税收优惠的估计系数在未研发操纵的样本企业中显著为正，但在研发操纵的样本企业中不显著，且系数明显更小。这表明，税收优惠并不能有效激励存在研发操纵的企业研发投入。对于这种"伪高新技术企业"而言，其研发创新意愿并不强烈，所列出的"研发支出"可能并未真正用于研发支出，而仅仅是为了获得税收优惠、政府补助等政府资源。综上所述，研究假设 5B 得到验证。

---

① 研发操纵指的是公司通过操纵相关项目，使其研发投入占销售收入之比达到或刚刚超过法规门槛，从而获得高新技术企业称号并享受相关税收优惠。

表 5.6　　　　　　　　　　　　研发操纵异质性检验

解释变量	被解释变量：企业研发强度			
	（1）	（2）	（3）	（4）
	未研发操纵	研发操纵	未研发操纵	研发操纵
税收优惠	0.2801*** (0.0267)	0.0047 (0.0037)	0.0478*** (0.0161)	0.0035 (0.0041)
企业特征变量	YES	YES	YES	YES
企业固定效应	NO	NO	YES	YES
年份固定效应	NO	NO	YES	YES
常数项	4.3960 (4.8139)	4.3525*** (0.5819)	21.3604** (8.9635)	6.3534*** (2.3277)
R^2	0.2682	0.0638	0.8540	0.5738
样本量	4093	530	3894	421

最后，鉴于不同行业企业的融资约束、创新意愿等可能存在不同，本章进一步对不同行业样本企业展开分组回归分析。鉴于电信广播电视和卫星传输服务业与互联网和相关服务业的样本量较少，本章根据国家统计局印发的《统计上大中小微型企业划分办法（2017）》（国统字〔2017〕213号），将电信广播电视和卫星传输服务与互联网和相关服务组合为信息传输业。本章将研究样本划分为计算机通信和其他电子设备制造业、软件和信息技术服务业、信息传输业等三个大类行业。表 5.7 的分行业估计结果显示，税收优惠对软件和信息技术服务业企业技术创新的影响最大，其次是计算机通信和其他电子设备制造业企业，而对信息传输业企业技术创新的影响为负且不显著。本书认为，不同行业的异质效应主要与我国税收优惠政策设计密切相关。当前，我国激励企业技术创新的政策主要体现为对高技术企业的减免税、加速折旧、研发加计扣除等税收优惠（赵书博，2021）。在这种税制下，技术密集型行业对税收优惠较为敏感。在数字企业中，软件行业的技术水平和研发投入水平最高，因此其对税收优惠政策最为敏感。而信息传输业属于服务业范畴，通常难以满足相关优惠政策条件，进而导致其对税收优惠政策不敏感。

表 5.7　　　　　　　　　　行业异质性检验

解释变量	被解释变量：企业研发强度		
	(1)	(2)	(3)
	计算机通信和其他电子设备制造业企业	软件和信息技术服务业企业	信息传输业企业
税收优惠	0.0322* (0.0165)	0.0527* (0.0290)	0.0370 (0.0403)
企业特征变量	YES	YES	YES
企业固定效应	YES	YES	YES
年份固定效应	YES	YES	YES
常数项	15.6308 (10.5978)	19.6853 (14.1132)	29.8768 (21.5476)
R^2	0.8343	0.8574	0.8701
样本量	2557	1464	410

5.3.4 稳健性分析

为保证研究的稳健性，本章从以下五个方面进行稳健性检验。第一，工具变量法回归。税收优惠与企业技术创新可能存在双向因果关系。原因在于，中国制定的高新技术企业认定制度，将企业研发投入与专利数量作为重要的认定标准，而通过高新技术企业认定的企业可以获得更多的税收优惠，进而产生优惠政策攫取效应（张杰和郑文平，2018）。基于此，本章采取工具变量法进行稳健性分析。借鉴郭玥（2018）、冯根福等（2021）相关做法，本章以本省本年度的行业税收优惠均值作为企业税收优惠的工具变量。工具变量回归结果由表 5.8 的列（1）给出。第二，解释变量滞后一期。鉴于税收政策对企业技术创新的影响可能不是一蹴而就的（Akcigit 和 Stantcheva，2020），本章将解释变量滞后一期，进行再次回归。相关回归结果由表 5.8 的列（2）给出。第三，变更税收优惠的度量方式。以（法定税率－应缴所得税费/税前利润总额）衡量税收优惠并进行再次回归。相关回归结果由表 5.8 的列（3）给出。第四，tobit 模型回归。在本研究样本中，企业研发投入存在左归并于 0 的倾向。因此，采取 tobit 模型进行再次回归，相关结果由表 5.8 的列（4）给出。第五，控制年份与省份交互项。为进一步控制同一经济环境下的异质性与同期变化,参考 Akcigit 等(2021)的做法,进一步控制年份与省份的交互项,相关回归结果由表 5.8 的列(5)给出。表 5.8 的稳健性估计结果显示,税收优惠的回归系数始终显著为正,这说明本章的基本研究结论高度稳健。

表 5.8　　　　　　　　稳健性检验回归结果

解释变量	(1)	(2)	(3)	(4)	(5)
税收优惠	0.2084** (0.0849)	0.0577*** (0.0173)	0.0524*** (0.0146)	0.0739*** (0.0112)	0.0428*** (0.0157)
控制变量	YES	YES	YES	YES	YES
常数项	6.2274 (5.7242)	22.0758* (10.8761)	18.8885** (7.8342)	5.8088* (2.6120)	18.9517** (7.7325)
R^2/Pseudo R^2	0.0956	0.8836	0.8858	—	0.8724
F/Wald chi2	878	10.73	8.9	830	15.06
样本量	4623	3025	4436	4623	4387

5.4　本章小结

本章使用 2012~2022 年 A 股上市公司数据,构建双向固定效应模型,考察了税收优惠与数字企业技术创新的关系,并得出以下结论。

第一,以低税率、加速折旧、加计扣除等为主要内容的税收优惠政策对数字企业技术创新产生了重要的激励作用。平均而言,税收优惠力度每提高 1 个单位,我国数字企业的研发强度将提高 4.38%。

第二,作用机制分析发现,税收优惠主要通过降低研发边际成本、缓解融资约束等直接机制影响数字企业技术创新,而通过向市场发送信号、增加风险投资等间接机制影响数字企业技术创新的可能性较小。

第三,异质性分析结果显示,税收优惠主要对融资约束程度较高、非国有、盈利状态、未研发操纵的数字企业技术创新产生了显著的促进作用,而对融资约束程度较低、国有、亏损状态、存在研发操纵的数字企业技术创新并未产生显著影响。此外,税收优惠对软件和信息技术服务业企业技术创新的影响最大,其次是计算机通信和其他电子设备制造业企业,而对信息传输业企业技术创新的影响为负且不显著。

6 政府创新采购影响数字企业技术创新的实证分析

6.1 研究假说的提出

研发投入对企业技术创新具有决定性影响,是技术创新的关键环节。然而,企业的研发投入面临着严重的市场失灵问题。一方面,作为知识和信息生产的主要手段,研发投入行为具有明显的外部性问题,从而与企业利润最大化目标相悖。具体而言,知识和信息具有如下两个特点:第一,传递知识和信息的成本十分低廉。最优配置原则要求信息无条件地免费发布。第二,知识和信息是一种不可分割的商品。因此,如果要实现信息的最优配置,那么知识和信息的所有者将无法获取其经济价值(Arrow,1962)。另一方面,研发投入领域存在严重的信息不对称问题,从而导致企业出现融资约束问题。与潜在投资者相比,企业对研发创新的成功概率和创新工程的性质有更多的信息。因此,研发投入领域的"柠檬市场"问题将产生。通常而言,通过充分的信息披露可以有效缓解和解决信息不对称问题,但在研发创新领域,这一方式受到极大限制。原因在于,发明思想(inventive idea)极易遭到模仿。因此,企业不愿意将创新性的思想披露给市场,特别是它们潜在的竞争者。此外,研发投入行为的另外两个特征则进一步加剧了研发投入的融资约束问题:第一,一半或一半以上的研发支出是用于支付受过良好教育的科学家和工程师的工资薪金。这些科学家和工程师的工作创造了企业的无形资产、知识基础,并嵌入企业员工的人力资本中。这也意味着企业的研发支出表现出较高的调整成本,因为企业的科学家和工程师一旦离职,企业的部分研发资源将随之流失。第二,研发投资具有较大的不确定性。这种不确定性在研究计划或研究项目的初始阶段特别高

(Hall，2002）。可见，外部性、信息不对称和不确定性等因素导致的市场失灵将导致企业研发投入严重不足。因此，采取包括政府创新采购在内的财税政策对企业研发投入行为进行干预具有理论合意性和现实必要性。

企业研发创新行为不仅受到物质资本、科技人才、基础设施等供给因素的有效推动，而且受到市场需求因素的有力拉动。在 Romer（1990）提出的内生技术变迁理论中，隐含着"新技术主要是在市场利益驱动下产生的，新技术的生产量是由新技术的市场供给和市场需求共同决定的"等前提假设。在波特（2012）的"钻石模型"中，需求条件是影响企业创新和国家产业竞争力的主要因素之一。波特认为，市场规模不仅影响着企业经济效率，而且深刻影响着企业认知诠释客户需求的能力，进而刺激企业研发创新。基于国别数据，范红忠（2007）研究指出，提高经济总收入和人均收入可以提高一国研发投入水平和自主创新能力，从而支持了需求规模假说。可见，市场需求是企业研发投入的重要驱动因素。

与政府补贴、税收优惠等供给层面政策不同，政府创新采购主要从需求层面影响企业研发投入。政府创新采购对企业研发投入的需求拉动作用可以分解为企业内部推动与社会外部拉动作用。（1）企业内部的推动作用。政府创新采购能够创造一个规模庞大的市场需求。在此背景下，一方面，政府创新采购资金将直接减轻相关企业的现金流压力，从而缓解企业研发投入的融资约束问题；另一方面，通过合约形式，政府创新采购能够为企业的新产品和新服务销售提供一定规模的市场保障，从而锁定早期市场，降低市场不确定性并激励企业加大研发投入。（2）社会外部拉动作用。在政府创新采购模式中，政府扮演着领先用户和倡导者角色。通过及时和大规模地使用或展示创新产品，政府创新采购能够显著降低创新产品的交易成本。此外，创新产品在政府部门的应用还会进一步向私人市场发出积极信号，通过展示相关功能提高产品和服务的早期认知度。可见，政府创新采购不仅缓解了企业内部融资约束和市场不确定性问题，而且从外部降低创新产品的交易成本和提高产品知名度，共同激励企业加大研发投入。

与一般企业不同，数字企业是以数据资源为关键要素的新形态主体。轻资产、重技术、研发周期短是数字企业的基本特征（裴长洪等，2018；林毅夫，2021）。此外，与一般企业相比，数字企业的研发创新呈现出创新频率更高、外部性更强、覆盖范围更广等新特征①。可见，数字企业研发创新的上述新特征将导致其面临更为严重的市场失灵问题，因而更加离不开政府政策的支持。故此，本章认为，作为需求侧创新政策，政府创新采购能够激励数字企业加大研发投入。基于以上分析，本章提出如下研究假设。

假设1C：政府创新采购能够激励数字企业加大研发投入。

由外部性和信息不对称导致的"市场失灵"使得企业研发普遍面临融资约束问题，数字企业也不例外。此外，作为转型经济体，中国还面临着金融市场发展相对滞后等一系列过渡性问题，这将进一步加剧中国企业的融资约束问题（Boeing等，2022）。作为需求层面的财税政策，政府创新采购可以通过缓解融资约束激励数字企业加大研发投入。首先，在直接资金效应方面，获得政府创新采购合同能够为数字企业带来一笔可观的现金流收入，这将直接缓解企业研发投入面临的融资约束问题。其次，在间接资金效应方面，根据信号发送理论，获得政府采购合同可以向私人市场发出一种积极信号，帮助企业产品贴上被政府认可的标签，进而有利于企业获取银行贷款等创新所需的资源（Lach，2002；Feldman和Kelley，2006；Kleer，2010）。此外，与政府常规采购相比，政府创新采购的信号传递效应更大。原因在于，政府创新采购具有高度的选择性和竞争性，只有那些进入创新产品名录和创新采购清单的产品才有可能被政府采购。因此，与政府创新补贴类似，政府创新采购能够释放基于政府信用的技术认证和监管认证双重信用认证信号，使得市场投资者基于对政府评估的信任而给予企业更高的信用认可。与此同时，在转型经济背景下的中国，司法体系、知识产权保护体系尚不完善，获取政府创新采购合同等可以看作是企业积极响应政策导向，顺从政府指引的方式，进而跟政府保持良好关系的信号，这有利于企业从其他渠道获取创新资源（杨洋等，2015）。由此可见，对于数字企业而言，政府创新采购不仅可以带来直接的现金流收入，而且能够依托信号机制拓宽企业融资渠道，共同助力企业缓解研发投入中的融资约束问题。

良好的经营业绩能够为企业研发投入提供稳定、持续的资金保证。政府创新采购可以通过增加企业经营收入激励数字企业加大研发投入。首先，政府创新采购能够创造一个早期稳定市场，从而保证企业研发初期的营业收入。具体

---

① 具体内容已在研究背景处进行了阐述，在此不再赘述。

而言，政府创新采购为新产品与新工艺创造一种可见的市场需求，在早期阶段就为创新产品提供了最低限度的市场规模（Rothwell，1984；Geroski，1990）。毫无疑问，这将为相关企业提供明确的市场激励，从而保证了企业初期的营业收入并提高企业的研发创新意愿。此外，政府创新采购能够对突破性创新产品产生加速效应。一般而言，产品的创新程度越高，进入和转换成本就越高。因此，对突破性创新产品的首次购买经常难以实现（Edler 和 Georghiou，2007）。此时，政府创新采购提供的早期强劲市场需求则能够产生加速效应，这对于稳定企业的早期市场销售收入是十分重要的。其次，政府创新采购能够催化市场，从而有利于企业新产品和服务的市场推广和销售收入稳定增加。作为领先用户和庞大的消费群体，通过及时、大规模地使用创新产品或者展示创新产品的功能，政府创新采购不仅能够显著降低创新产品的交易成本，而且能够提高创新产品的早期认知度（Aschhoff 和 Sofka，2009），进而扩大私人市场需求，最终增加企业销售收入。由此可见，通过创造早期市场和催化市场，政府创新采购可以有效增加数字企业的营业收入，进而激励数字企业加大研发投入。

对研发创新的失败容忍度是技术创新的一个重要影响因素。有学者研究发现，提升对创新失败的容忍度能够显著促进企业的研发创新（Tian 和 Wang，2014）。政府创新采购可以通过提升创新失败容忍度激励数字企业加大研发投入。首先，政府创新采购能够有效解决研发过程中的系统失灵问题，从而降低研发不确定性并提升企业对创新失败的容忍度。一般而言，使用者和生产者之间的互动和交流通常是非常欠缺的，从而导致生产者难以有效识别市场需求信号并将其转换为创新。而在政府创新采购中，政府扮演着领先用户和倡导者角色，通过问题反馈等方式及时让生产者迅速获得解决方案，从而使企业能够从学习和问题反馈中不断改进和创新产品，并提升对创新失败的容忍度。其次，政府创新采购能够通过风险分担机制提升企业对创新失败的容忍度。通过采购合约的形式，政府创新采购能够为企业新产品（服务）的销售创造一个规模庞大且十分确定的早期市场，从而在很大程度上克服技术创新的外溢性与不确定性，为企业分担了一定的市场风险（波特，2012；Raiteri，2018）。此外，政府创新采购通过研发服务合同等形式让技术风险由采购商与潜在供应商共同分担，从而直接分担了部分市场风险。无疑，这将直接提升企业对创新失败的容忍度。最后，政府创新采购可以吸引风险投资，从而提升企业对创新失败的容忍度。引入风险投资资本是政府创新采购的重要信号传递渠道。与普通投资资本不同,风险投资资本更加注重长期收益,不会过多地关注短期业绩,从而给企业带来较为宽松的研发创新环境,并提升企业对创新失败的容忍度。总之,政府创新采购可以降低研发不确定性、风险分担和引入风险投资资本,从而有效提升数字企业对创新失败的容忍度,最终激励数字企业加大研发投入。

基于以上分析,本章提出如下假设。

假设2C:政府创新采购通过缓解融资约束激励数字企业加大研发投入。

假设3C:政府创新采购通过增加营业收入激励数字企业加大研发投入。

假设4C:政府创新采购通过提升创新失败容忍度激励数字企业加大研发投入。

不同特征企业在不同阶段、不同制度环境下面临着不同的市场机会与约束条件。因此,在研发创新过程中,政府创新采购的作用机制可能会存在明显差异,从而导致其对数字企业研发投入的影响存在异质效应(Castellacci 和 Lie,2015;Bianchini 等,2019;何晴等,2022)。此外,所有权性质差异是发达国家与转型国家的主要制度背景差异(杨洋等,2015;聂辉华,2017)。基于此,本章主要从企业性质、研发风险阶段、制度环境等三个方面,对政府创新采购的研发创新异质性展开理论分析。

对于不同性质的企业而言,企业面临的约束条件和目标函数存在明显差异,从而导致政府创新采购对不同性质企业的研发投入可能产生不同的影响效应。在中国,一个最鲜明的特征就是国有企业和民营企业在经济体系中共存且互相依赖,但它们在资源基础与经营目标等方面显著不同(冯根福等,2021)。首先,与民营企业相比,国有企业的融资约束问题可能不突出。凭借与政府的天然关系,政府及其官员有动机为国有企业提供更多的关照。因此,国有企业能够较为容易地获取包括银行贷款、政府采购合同等在内的各种研发创新资源(曾萍等,2016)。故此,对于国有企业而言,政府创新采购难以通过缓解融资约束机制作用于研发投入。其次,与民营企业的利润最大化目标不同[①],中国的国有企业目标具有多元化特征。原因在于,国有企业单位作为"准行政"单位(周黎安,2007),是政府功能的延伸(聂辉华,2017),普遍

[①] 不可否认,民营企业也会承担部分社会功能,但主要是以利润最大化为经营目标。

承担着战略性政策负担和社会性政策负担（林毅夫和李志赟，2004）①。此时，利润最大化目标仅仅是国有企业的目标之一，甚至可能不是主要目标。因此，政府创新采购通过增加营业收入作用于研发投入的机制在国有企业中可能并不显著。最后，与民营企业相比，国有企业对创新失败的容忍度较低。一方面，官场竞争之下地方官员的激励和行为因任期的约束呈现"短期化"的趋向（周黎安，2018），从而导致国有企业官员对不确定性高的项目兴趣低下；另一方面，国有企业作为国有单位，其领导人受到公务员一样的党纪法规约束，这导致国有企业领导人具有比民营企业领导人更强烈的风险规避趋向（聂辉华，2017）。因此，政府创新采购通过提升企业对创新失败容忍度机制作用于研发投入的机制在国有企业可能会被严重削弱。总之，由于约束条件和目标函数存在巨大差异，政府创新采购对不同性质数字企业的研发投入会产生明显不同的影响效应。

在不同研发阶段，企业所面临的融资约束及对创新失败的容忍度不同，从而导致政府创新采购对数字企业研发投入的影响效应不同。一般而言，研发初始阶段的风险最大、不确定性最高、融资约束也是最为严重的（Hall，2002）。此时，政府创新采购可以通过缓解融资约束及提升对创新失败容忍度机制激励企业加大研发投入。而到了研发的后期阶段，研发创新的不确定性降低，融资约束问题也不是最为严重的。此时，缓解融资约束机制与提升对创新失败容忍度机制可能难以有效启动，从而导致政府创新采购对企业研发投入的影响效应较弱。基于政府研发补贴的研究发现，政府研发补贴提高了处于高风险阶段的企业研发强度，而当企业研发活动进入低风险阶段时，政府研发补贴对企业研发强度的影响程度在减弱（Howell，2017；何晴等，2022）。基于此，本章认为，政府创新采购对初始研发阶段的数字企业研发投入具有显著的正向影响，但在后期研发阶段的影响效应可能较小或者不显著。

制度理论认为，企业嵌入于制度环境之中，并受制度环境的约束，同时也会采取相应的策略来适应制度环境（DiMaggio 和 Powell，1983）。改革开放以来，我国经济体制由计划经济向市场经济过渡，但市场化进程在不同地区之间

---

① 战略性政策负担是指在传统的赶超战略的影响下，投资于我国不具备比较优势的资本密集型产业或产业区段所形成的负担；社会性政策负担则是指由于国有企业承担过多的冗员和工人福利等社会性职能而形成的负担。

存在巨大的不平衡（樊纲等，2011）。这种地区间市场制度环境的不平衡性不仅直接导致不同地区金融发展水平不一，而且导致各地的知识产权保护程度存在差异明显。毫无疑问，地区间的制度环境差异将直接导致不同地区企业的融资约束及对创新失败容忍度的差异，进而影响政府创新采购对企业研发投入的效果。其一，地区的金融发展水平直接影响着辖区企业的融资约束程度。一般而言，地区的金融发展水平越高，资本要素资源就越为丰富，辖区内企业的融资约束程度就越低。此时，政府创新采购缓解企业融资约束的机制将被削弱。反之，如果地区的金融发展水平较低，资本要素资源就较为稀缺。此时，政府创新采购的重要性就相对较高，其缓解企业融资约束的机制就能及时启动并助力企业加大研发投入。其二，地区的知识产权保护程度直接影响着辖区企业对创新失败的容忍度。具体地，如果地区的知识产权保护程度较高，辖区企业的研发创新收益就能得到更多保障，那么，辖区企业对创新失败的容忍度就越高。此时，政府创新采购的重要性就相对较低，其提升企业对创新失败容忍度的作用将被削弱。反之，在知识产权保护程度较低的地区，由于研发创新收益难以得到有效保护，那么，作为一种替代机制，政府创新采购将发挥较为重要的作用，其通过提升企业对创新失败容忍度的机制将得以顺利实现。综上所述，在不同市场制度环境下，政府创新采购对数字企业研发投入的影响效应将呈现出明显的差异性。

基于以上分析，本章提出如下假设。

假设5C：在不同企业性质、研发阶段及市场制度环境下，政府创新采购对数字企业研发投入的激励效应存在异质性。

6.2 研究设计

6.2.1 数据来源与说明

本章的研究样本为2015~2022年的中国数字企业[①]。相关原始数据来源说明如下。(1) 企业财务相关数据摘取于国泰安中国经济金融研究数据库（CS-

---

① 第二章已介绍数字企业选择的相关说明，对此不再赘述。

MAR）。（2）企业研发及专利相关数据摘取于中国研究数据服务平台（CNRDS）。（3）政府采购数据来自中国政府采购网的"政府采购合同公告查询"系统。需要指出的是，本章将样本截取为2015年及以后的数据，主要原因在于，财政部财库〔2015〕135号文件明确规定，中央和地方预算单位的政府采购信息均应在中国政府采购网披露。因此，自2015年以来，中国政府采购网公布了较为详细的采购合同信息。事实上，2015年之前财政部对于地方政府采购公告并未做出强制集中上传的规定，从而导致这一期间中国政府采购网中的采购公告存在严重的样本缺失问题（梁平汉和郭宇辰，2023）。

参照既有研究的通行做法，对数据进行了如下处理：（1）剔除ST类公司样本；（2）剔除关键变量缺失的样本；（3）剔除政府创新采购、研发投入明显异常样本。此外，为减轻异常值对估计结果的影响，对所有连续变量进行了1%和99%百分位的缩尾处理。最终，本研究共计获得包含1016家公司的5027个有效样本。

6.2.2 变量定义与描述

（1）被解释变量：企业技术创新。本章以研发强度测度数字企业的技术创新水平。具体地，以研发支出占营业收入的比例衡量企业研发强度。这也是既有文献的主流做法（郭玥，2018；吴伟伟和张天一，2021）。为检验实证结果的稳健性，本章也以研发支出占总资产的比例衡量企业研发强度（孙薇和叶初升，2023）。

（2）核心解释变量：政府创新采购。本章以政府创新采购总额占营业收入的比重衡量企业的政府创新采购水平。采用文本分析法，本章获取了数字企业的政府创新采购金额数据。具体流程与步骤如下：第一，从中国政府采购网的"政府采购合同公告查询"系统，利用爬虫技术，摘取2015~2022年所有的政府采购合同公告明细文本数据。第二，对政府采购合同公告明细文本数据进行缺失值与异常值数据处理。具体而言，对于"供应商名称""合同金额""签订日期""采购人名称"等关键字段缺失的合同文本进行删除[①]。此外，借

[①] 其中原因可能是有些采购人未严格按照要求公告相关采购合同信息，也有可能是涉密导致的。

助 STATA 软件等,对合同金额异常值进行手工分析与处理,删除合同金额明显异常的合同文本[①]。第三,构建政府创新采购指标数据。一般而言,政府采购可以分为政府常规采购与政府创新采购(朱春奎和李燕,2014),二者有着显著的区别,对企业研发创新的影响效应也截然不同。基于此,本章通过手工收集和关键词筛选方法构建政府创新采购指标数据[②]。借鉴郭玥(2018)、吴伟伟和张天一(2021)、孙薇和叶初升(2023)等学者做法并结合本研究样本的具体情况,本章主要从创新产品目录、创新指导目录等认证目录出发,以《重大技术装备自主创新指导目录》和《战略性新兴产业分类(2018)》中的"重点产品和服务"为主要依据,科学确定政府创新采购的关键词库[③]。在此基础上,利用文本分析法,对 2015~2022 年政府采购合同的"合同名称""主要标的名称""规格型号(或服务要求)"进行筛选。如若含有关键词库中的任一关键词,则认定该采购合同为政府创新采购合同。最终,本章的政府创新采购合同数据包括了互联网与云计算、大数据服务、人工智能、新技术与创新创业服务等与创新密切相关的采购合同,但不包括物业服务、保安服务、餐饮服务、总体规划、修缮提升项目、施工项目、服装食品等非创新类采购合同。在此基础上,将创新采购合同条目金额汇总获得政府创新采购合计金额。最后,本章以"供应商名称"与上市公司"全称"进行文本模糊匹配[④],将政府创新采购数据与计算机通信和其他电子设备制造业、电信广播电视和卫星传输服务、互联网和相关服务、软件和信息技术服务业等 4 个大类行业上市公司数据进行匹配。至此,数字企业的政府创新采购数据指标得以构建。

(3)控制变量。为减轻因遗漏变量而导致的估计偏差,参照既有主流研究的做法,本章在回归方程中控制了一系列影响企业研发的特征变量(冯根福等,2021)。具体变量定义请参照第四章相关部分,在此不再赘述。

(4)变量描述。表 6.1 为主要变量的描述性统计结果。统计结果显示,

[①] 例如,样本企业中,最高合同金额高达 4.97×10^{13} 元,即 49.7 万亿元,这显然是错误数据。这可能是金额数字的单位错误导致的。

[②] 借助 STATA 软件,主要使用了"regexm""collapse"等命令进行分析与处理数据。

[③] 共计包括高端路由器、通信导航定位设备、移动宽带系统、光互联设备、物联网、云存储设备、光纤宽带运营服务、可视电话服务、测试设备等 1200 余个关键词。

[④] 主要采用了 STATA 软件中的"reclink""matchit"等模糊匹配命令。

在本研究样本中，企业研发支出占营业收入的均值为9.93%，表明我国数字企业的研发支出水平较高。但最大值和最小值之间差异巨大，这说明不同数字企业之间的研发投入存在较大差异。数据显示，样本企业的政府创新采购均值为0.14%，即平均而言，样本企业政府创新采购占营业收入的比重约为0.14%。然而，不同数字企业之间的政府创新采购水平存在明显差异，最大值与最小值分别为4.83%与0。主要变量的较大变异性为本研究提供了良好的数据条件。其他变量的描述性统计信息如表6.1所示。

表6.1 主要变量的描述性统计

变量名称	样本量	最小值	最大值	均值	中位数	标准差
企业研发强度	5027	0	33.14	9.93	7.29	7.633
政府创新采购	5027	0	4.83	0.14	0.05	0.65
企业规模	5027	18.8	27.17	21.88	21.74	1.15
企业年龄	5027	1.099	4.159	2.88	2.89	0.343
所有权性质	5027	0	1	0.175		0.38
资产负债率	5027	0.0156	8.009	0.358	0.327	0.277
流动资产比率	5027	0.0811	0.969	0.653	0.665	0.183
固定资产比率	5027	0	0.675	0.135	0.0943	0.125
资产收益率	5027	-3.108	0.435	0.0242	0.0412	0.138
托宾Q值	5027	0.843	9.181	2.537	2.031	1.586
企业成长	5026	-0.593	2.694	0.167	0.116	0.39
股权集中度	5027	8.357	74.24	28.53	26.37	13.33
独立董事比例	5025	0.2	0.75	0.385	0.375	0.0562
薪酬激励	5027	0	0.821	0.191	0.129	0.201
行业竞争度	5027	0.0019	0.0482	0.0045	0.0024	0.0079

6.2.3 模型构建

鉴于政府采购政策具有滞后性，参考黎文靖和郑曼妮（2016）、Boeing（2016）等学者做法，本章以滞后一期的政府创新采购对数字企业技术创新进行回归。待检验的双向固定效应模型设定如下。

$$Y_{it} = \beta_0 + \beta_1 Innopubpro_{it-1} + \alpha' X + \varphi_i + \lambda_t + \varepsilon_{it} \tag{6.1}$$

其中，i 和 t 分别表示企业个体和年份；被解释变量 Y 表示数字企业研发强度；$Innopubpro$ 表示数字企业的政府创新采购水平；X 表示控制变量列向量；α 表示控制变量系数列变量；β 表示待估系数；φ_i 表示企业固定效应，用以控制不随时间变化的因素；λ_t 表示年份固定效应，用以控制不随企业变化的共同宏观冲击等；ε_{it} 表示随机干扰项。

6.3 实证结果与分析

6.3.1 基准回归结果分析

表 6.2 报告了在不同控制变量情形下政府创新采购对数字企业研发强度影响的估计结果。其中，列（1）是政府创新采购影响企业研发强度的单因素估计结果，列（2）是进一步加入企业规模和企业年龄的估计结果，列（3）与列（4）是进一步控制企业固定效应与年份固定效应的估计结果。

表 6.2　　　　　　　　　　　基准回归结果

变量	企业研发强度			
	（1）	（2）	（3）	（4）
政府创新采购	0.7455*** (0.2015)	0.4266*** (0.1185)	0.1921*** (0.0565)	0.1698*** (0.0485)
企业规模		-0.6802*** (0.1977)	-1.3612*** (0.4299)	-1.4878*** (0.4316)
企业年龄		-1.4758** (0.7278)	5.5831*** (1.0463)	-1.2469 (2.0027)
产权性质			0.2052 (0.5328)	0.3397 (0.5337)
资产负债率			-0.5137 (0.7094)	-0.5249 (0.7112)
流动资产比率			-4.0353*** (1.2205)	-4.1545*** (1.1892)

续表

变量	企业研发强度			
	（1）	（2）	（3）	（4）
固定资产比率			2.6425 (2.7378)	2.5903 (2.7543)
资产收益率			-1.9812** (1.0033)	-2.0717** (0.9813)
托宾Q值			-0.1347* (0.0788)	-0.2055** (0.0874)
企业成长			1.3939*** (0.2756)	1.4551*** (0.2788)
股权集中度			-0.0076 (0.0223)	-0.0015 (0.0223)
独立董事比例			3.2330 (2.5522)	3.1547 (2.5443)
薪酬激励			-2.2960 (1.5323)	-2.0588 (1.5008)
行业竞争度			58.2223 (95.8412)	73.4047 (83.3391)
常数项	26.0280*** (4.2286)	28.8023*** (4.2785)	24.7025*** (8.7506)	47.4853*** (10.9093)
企业固定效应	未控制	未控制	控制	控制
年份固定效应	未控制	未控制	未控制	控制
R^2	0.0145	0.0185	0.8696	0.8717
样本量	3979	3979	3856	3856

估计结果显示，随着控制变量的逐步添加，尽管政府创新采购的估计系数有所变小，但始终在1%的水平上显著为正。这表明，政府创新采购对数字企业研发投入具有显著的正向激励作用。具体而言，以列（4）为例，在控制其他变量情形下，政府创新采购每增加1个单位，数字企业研发强度增加约0.17个单位。可见，需求侧的政府创新采购能够通过企业内部推动作用与社会外部拉动作用，激励数字企业加大研发投入。因此，本章的研究假设1C得到初步验证。

6.3.2 作用机制分析

根据前面的理论分析,政府创新采购可以通过缓解融资约束、增加营业收入、提升创新失败容忍度等机制影响数字企业研发强度。接下来,本章将对相关作用机制展开深入分析,如表6.3所示。

表6.3　　　　　　　　　作用机制检验结果

变量	企业 SA 指数 (1)	企业营业收入 (2)	企业营业收入增长率 (3)	风险投资 (4)
政府创新采购	-0.0039 ** (0.0018)	0.0316 *** (0.0119)	-0.0111 (0.0114)	0.0806 *** (0.0308)
企业规模	2.6325 *** (0.0084)	— —	0.1609 *** (0.0366)	0.0053 (0.0501)
企业年龄	-0.1067 *** (0.0336)	0.9389 *** (0.2482)	-0.1688 (0.1778)	-1.1359 *** (0.1523)
产权性质	-0.0021 (0.0039)	-0.0894 ** (0.0437)	-0.0432 (0.0414)	0.3097 ** (0.1554)
资产负债率	0.0066 (0.0092)	-0.1215 ** (0.0583)	0.2497 *** (0.0744)	-0.1661 (0.1427)
流动资产比率	0.0101 (0.0143)	-0.6028 *** (0.1255)	0.0495 (0.1296)	-0.0660 (0.2659)
固定资产比率	0.0651 *** (0.0252)	-1.0804 *** (0.1676)	-0.3326 ** (0.1527)	0.5250 (0.4092)
资产收益率	-0.0286 ** (0.0138)	0.4256 *** (0.0992)	0.8140 *** (0.1313)	0.0333 (0.2576)
托宾 Q 值	0.0087 *** (0.0013)	-0.0700 *** (0.0123)	0.0366 *** (0.0095)	0.0150 (0.0162)
企业成长	-0.0036 (0.0024)	0.0967 *** (0.0230)	—	-0.0640 (0.0506)
股权集中度	0.0004 (0.0003)	-0.0006 (0.0031)	0.0015 (0.0027)	0.0118 *** (0.0037)
独立董事比例	0.0153 (0.0229)	-0.1969 (0.2273)	-0.4096 * (0.2100)	-0.6818 (0.5587)
薪酬激励	0.0359 ** (0.0167)	0.1580 (0.1647)	0.1449 (0.1248)	-0.1007 (0.2352)

续表

变量	企业SA指数 (1)	企业营业收入 (2)	企业营业收入增长率 (3)	风险投资 (4)
行业竞争度	-3.2122 (2.2703)	12.1368 (23.1986)	1.2232 (9.8259)	-5.6634 (6.1942)
常数项	-20.6858*** (0.1926)	20.0112*** (0.7310)	-2.9735*** (0.8415)	2.1898* (1.1976)
企业固定效应	控制	控制	控制	—
年份固定效应	控制	控制	控制	—
R^2	0.9999	0.9536	0.3238	
样本量	4239	4239	4239	4351

注："—"表示本模型不存在此项。

首先，本章探讨政府创新采购是否能够有效缓解数字企业研发所面临的融资约束问题。理论上，政府创新采购不仅可以带来直接的现金流收入，产生直接资金效应，而且能够依托信号机制扩宽企业融资渠道，产生间接资金效应，共同助力缓解数字企业研发所面临的融资约束问题。基于这一逻辑，本章构造反映企业融资约束的SA指标[①]，然后回归分析政府创新采购对数字企业SA指标的影响效应。表6.3列（1）的实证研究发现，政府创新采购的估计系数显著为负，这说明政府创新采购显著降低了数字企业的融资约束。这表明，政府创新采购能够发挥显著的直接与间接资金效应，有效缓解融资约束，从而促进数字企业加大研发投入。因此，研究假设2C得到验证。

其次，本章考察政府创新采购对数字企业营业收入的影响效应。理论上，政府创新采购可以创造明确的早期市场并进一步催化市场，从而有效增加数字企业的营业收入，进而激励数字企业加大研发投入。基于这一逻辑，本章分别从营业收入额与营业收入增长率两个维度，实证考察政府创新采购对数字企业营业收入的影响效应。表6.3列（2）的结果显示，政府创新采购的估计系数显著为正，说明政府创新采购显著增加了数字企业的营业收入。但表6.3列（3）的结果表明，政府创新采购对企业营业收入增长率的影响不显著，这说

---

① SA指数是衡量融资约束的经典指标，绝对值越大，表明融资约束问题越严重。具体计算式为：$SA = -0.737 \times size + 0.043 \times size^2 - 0.04 \times age$。

明政府创新采购通过提升营业收入增长率影响研发投入的可能性较小。综上所述，研究假设3C得到部分验证。

最后，本章检验政府创新采购是否影响创新失败容忍度。理论上，政府创新采购可以降低研发不确定性和引入风险投资资本，从而提升数字企业对创新失败的容忍度，进而激励数字企业加大研发投入。基于这一逻辑，并充分考虑数据的可获得性，本章从引入风险资本视角，实证检验上述理论机制。具体地，本章以上市公司前十大股东中是否含有风险投资机构识别企业是否获得了风险投资支持。如果公司的前十大股东名称中含有风险投资、创业投资、创新投资等字眼，则判定该企业在当年获得了风险投资支持，赋值为1，否则为0。在此基础上，回归分析政府创新采购对获取风险投资资本的影响。表6.3列（4）的结果显示，政府创新采购的估计系数显著为正，说明政府创新采购能够显著提高数字企业获取风险投资资本的概率。由此可见，政府创新采购有助于引入风险投资资本，从而提升对创新失败的容忍度，进而激励数字企业加大研发投入。因此，研究假设4C也得到验证。

6.3.3 异质性分析

前文的基准分析聚焦于整体层面，未能充分考虑不同数字企业所面临的不同约束条件。根据前文的理论分析可知，在不同企业性质、研发风险阶段及市场制度环境下，政府创新采购对数字企业研发投入的激励效应可能存在异质性。因此，本章接下来对政府创新采购与数字企业研发投入的异质效应展开细致分析，以期为基准结论提供进一步的经验证据，如表6.4所示。

表6.4   异质性检验结果

变量	所有权性质		研发阶段		金融市场化		知识产权保护	
	国有	非国有	前期阶段	后期阶段	较高地区	较低地区	较高地区	较低地区
	(1)	(2)	(3)	(4)	(5)	(6)	(7)	(8)
政府创新采购	0.0490 (0.0515)	0.2385*** (0.0503)	0.2235*** (0.0504)	0.0985* (0.0549)	0.0651 (0.0475)	0.2485*** (0.0473)	0.0685 (0.0535)	0.2373*** (0.0475)
控制变量	控制	控制	控制	控制	控制	控制	控制	控制

续表

变量	所有权性质		研发阶段		金融市场化		知识产权保护	
	国有	非国有	前期阶段	后期阶段	较高地区	较低地区	较高地区	较低地区
	(1)	(2)	(3)	(4)	(5)	(6)	(7)	(8)
企业固定效应	控制	控制	控制	控制	控制	控制	控制	控制
年份固定效应	控制	控制	控制	控制	控制	控制	控制	控制
R^2	0.8858	0.8867	0.8455	0.8656	0.8575	0.8765	0.8351	0.8865
样本量	675	3181	1512	2344	2314	1542	1950	1906

首先，本章从企业性质视角展开异质性分析。理论上，由于约束条件和目标函数存在巨大差异，政府创新采购对不同性质数字企业的研发投入会产生不同的影响效应。为验证上述理论推断，本章参考冯根福等（2021）做法，根据实际控制人的性质，将企业划分为国有企业与非国有企业，并在此基础上展开分组回归分析。具体分组做法为：将实际控制人性质为"国有企业""行政机关、事业单位""中央机构""地方机构""社会团体"企业定义为国有性质企业，将实际控制人性质为"民营企业""外资企业""自然人"等企业定义为非国有性质企业。表6.4报告了区分企业性质的回归结果。可以发现，政府创新采购的估计系数在国有企业样本中未能通过显著性检验，但在非国有企业样本中显著为正，且系数明显更大。这表明，政府创新采购对数字企业研发强度的激励作用在非国有性质企业中更为显著。

其次，本章从研发阶段视角展开异质性分析。理论上，在不同的研发阶段，企业所面临的研发风险和融资约束有所不同，从而导致政府创新采购的激励效应迥异。为验证这一理论推断，本章参考何晴等（2022）的做法，根据企业研发强度，将研发阶段划分为前期阶段与后期阶段[①]，并在此基础上展开分组回归分析。具体做法为：如果企业研发强度低于其所属行业的均值，则划定该企业处于研发的后期阶段；反之，则划定为研发的前期阶段。表6.4的分

---

① 其理论逻辑在于：在研发的早期阶段，企业的主营业务收入相对较小，导致以主营业务收入为基数计算的研发强度相对较高；而研发的后期阶段，企业主营业务收入规模相对较大，导致其研发强度可能低于前一阶段。

组回归结果显示,在前期研发阶段样本中,政府创新采购估计系数在1%的水平上显著,而在后期研发阶段样本中,其估计系数仅在10%的水平上显著,且前者的估计系数约为后者的2倍。这些结果充分表明,与后期研发阶段相比,政府创新采购对前期研发阶段的数字企业研发投入具有更为显著的激励效应。

最后,本章从市场制度环境视角展开异质性分析。理论上,地区间的市场制度环境差异将直接导致不同地区企业的融资约束及对创新失败容忍度的差异,进而影响政府创新采购对企业研发投入的作用机制。为检验这一理论推断,本章采用学术界广泛使用的樊纲市场化指数,通过比较样本企业所在省份的金融市场化得分、知识产权保护得分与全国得分均值,将样本企业划分为金融市场化、知识产权保护程度较高地区与较低地区企业[①]。根据表6.4的回归结果,不难发现,政府创新采购的估计系数在金融市场化、知识产权保护程度较高地区不显著,但在较低地区显著为正,且估计系数明显大于在市场制度环境较高地区企业。这就说明,作为一种替代机制,我国当前的政府创新采购通过融资约束机制与创新失败容忍度提升机制,在一定程度上克服了市场制度环境较低地区的制度不足,激励数字经济企业加大研发投入。

综上所述,研究假设5C得到了验证,即在不同企业性质、研发阶段及制度环境下,政府创新采购对数字企业研发投入的激励效应存在异质性。

6.3.4 内生性问题讨论

政府创新采购与企业研发强度之间可能存在双向因果关系,从而出现计量经济学中的内生性问题。理论上,不仅政府创新采购会对企业研发创新产生重要影响,而且企业研发创新能力也会对政府创新采购的获取产生重要影响。实践中,企业的研发投入越大,产品的创新程度越高,则该企业在获取政府创新采购方面的竞争力就越强。可见,政府创新采购与数字企业研发强度之间存在一定的双向因果关系,从而导致基准回归结果可能受到内生性问题的干扰。

---

① 需要说明的是,由于在2016年进行了指标权重的调整,因此2016年前后的数据不可直接比较。为消除这一影响,本书以2017~2019年均值作为市场化指数的基本依据。

相比较而言，对基于微观数据的定量分析，工具变量法在解决内生性问题中具有独特优势（陈云松，2012）。基于此，本章采用工具变量法进行分析，以期在一定程度上缓解估计结果的内生性问题。

借鉴 Chen 等（2018）、吴伟伟和张天一（2021）等研究思路，本章以本省本年度的行业政府创新采购均值作为企业政府创新采购的工具变量。理由有二：其一，工具变量与内生变量相关，即企业政府创新采购情况与所在行业政府创新采购情况密切相关。其二，工具变量满足外生性特征，即单个企业的研发创新能力难以影响整个行业的政府创新采购情况。工具变量的第一与第二阶段的回归结果由表 6.5 的列（1）列（2）给出。第一阶段的估计结果显示，Cragg - Donald Wald F 统计量大于 Stock - Yogo 的 10% 水平临界值，这表明模型通过了弱工具变量检验。同时，第一阶段回归的 Kleibergen - Paap rk LM 统计量在 1% 的水平上拒绝了工具变量识别不足的假设。第二阶段回归结果显示，政府创新采购的估计系数依然高度显著为正。这表明，在考虑双向因果关系影响后，基准回归的相关结论依然成立。

表 6.5　　　　　　　　　　内生性检验结果

变量	政府创新采购	企业研发强度		
	（1）	（2）	（3）	（4）
行业政府创新采购均值	0.2115 *** (0.0495)	—	—	—
政府创新采购	—	1.4173 *** (0.1705)	0.1685 *** (0.0475)	0.1676 *** (0.0473)
控制变量	控制	控制	控制	控制
企业固定效应	控制	控制	控制	控制
年份固定效应	控制	控制	控制	控制
省份—年份联合固定效应	—	—	控制	控制
行业—年份联合固定效应	—	—	未控制	控制
弱 IV 检验	28.22	—	—	—
可识别检验	30.85 ***	—	—	—
R^2	0.8250	—	0.8696	0.8717
样本量	4899	3856	3856	3856

注：弱 IV 检验给出的数值为 Cragg - Donald Wald F 统计量，可识别检验给出的数值为 Kleibergen - Paap rk LM 统计量。

理论上，遗漏变量也是内生性问题产生的重要原因之一。为充分考虑内生性问题对基准回归结论的影响，本章进一步考虑遗漏变量引致的内生性问题。具体地，为控制诸如各省份不断调整的产业政策等不同地区随时间变化因素的影响，参考 Akcigit 等（2022）、范子英和王倩（2019）等学者的做法，本章进一步添加了省份和年份、行业和年份的联合固定效应，估计结果由表 6.5 的列（2）与列（3）给出。检验结果显示，在进一步考虑遗漏变量后，政府创新采购估计系数的显著性、方向及大小均未发生明显变化。因此，本章的研究假设 1C 得到了进一步验证。

6.3.5 稳健性分析

为进一步检验基准估计结果的可靠性，本章从以下几个方面进行了稳健性检验：第一，采用当期值回归。在基准回归中，本章假设政府创新采购效应具有滞后性。本部分采用政府创新采购当期值回归，结果由表 6.6 的列（1）给出。第二，变更自变量度量方式。本章以是否获取政府创新采购构造哑变量，并以该哑变量替换原有变量进行再次回归。相关估计结果由表 6.6 的列（2）给出。第三，变更因变量度量方式。本章以研发投入占总资产的比重度量企业研发强度并进行再次回归。相关估计结果由表 6.6 的列（3）给出。第四，调整样本区间。鉴于 2020~2022 年疫情暴发，且疫情对于宏观经济和企业的影响都很明显（聂辉华等，2022；孙薇和叶初升，2023）。基于此，本章将 2020~2022 年的样本值进行剔除后进行再次回归，以排除特殊样本的影响。相关估计结果由表 6.6 的列（4）给出。表 6.6 的稳健性估计结果显示，基准回归的相关结论未发生根本性变化，这说明本章的基准研究结论高度稳健。

表 6.6　　　　　　　　　　稳健性检验结果

变量	企业研发强度			
	(1)	(2)	(3)	(4)
政府创新采购	0.1569 *** (0.0523)	0.0008 *** (0.0003)	0.1275 *** (0.0365)	0.1682 *** (0.0462)
控制变量	控制	控制	控制	控制

续表

变量	企业研发强度			
	（1）	（2）	（3）	（4）
常数项	19.0196** (9.1001)	47.4853*** (10.9093)	19.0196** (9.1001)	17.7271 (12.8618)
企业固定效应	控制	控制	控制	控制
年份固定效应	控制	控制	控制	控制
R^2	0.8737	0.8717	0.8737	0.8987
样本量	4872	3856	4872	2429

6.4　本章小结

本章基于中国政府采购网合同文本数据及2015~2022年A股上市公司数据，采用Python爬虫技术和文本分析法，从总体的政府采购中识别出政府创新采购，探讨了政府创新采购与数字企业技术创新的关系，并得出以下结论。

第一，以高端路由器、物联网、互联设备等为主要对象的政府创新采购显著激励了数字企业技术创新，且该结论在考虑双向因果、遗漏变量、更换变量度量方式、调整样本区间等内生性及稳健性检验中依然成立。

第二，机制检验表明，政府创新采购不仅能够显著降低数字企业的融资约束，而且显著增加了数字企业的营业收入并提高其获取风险资本的概率。

第三，异质性分析表明，对于非国有、研发前期阶段及较低制度环境地区的数字企业而言，政府创新采购对企业技术创新的激励作用更加显著、效应更大。

7 研究结论及政策建议

7.1 研究结论

促进数字企业的技术创新是实现数字经济高质量发展的微观基础,也是解决我国数字经济大而不强、快而不优问题的根本之策。本书以促进我国数字企业技术创新的财税政策为研究主线。一是,基于相关理论及国内外文献,理论分析财税政策对数字企业技术创新的影响。二是,基于 CSMAR 和 WIND 数据库,对我国数字企业技术创新现状进行分析,并梳理促进我国数字企业技术创新的现行财税政策。在此基础上,构建双向固定效应模型,探讨政府创新补贴、税收优惠、政府创新采购与数字企业技术创新的关系,得出了相关研究结论。

7.1.1 理论分析

本书首先对数字企业、技术创新、财税政策等概念进行了界定,接着阐述外部性理论、信息不对称理论、熊彼特增长理论等理论基础,最后通过构建熊彼特增长模型,理论分析政府补贴、税收优惠、政府采购对数字企业技术创新的影响,得出以下结论。

第一,与一般企业相比,数字企业的研发创新呈现出创新频率更高、外部性更强、覆盖范围更广等新特征,进而引发市场失灵。而科学合理的财税政策可以缓解数字企业技术创新的"市场失灵"。

第二,政府补贴不仅能够直接增加数字企业的研发投入,而且能够间接增加外部投资者的投资;加速折旧等税收优惠能够降低资本使用者成本,进而激励数字企业加大研发投入;政府采购主要从需求端影响数字企业的投资决策。

7.1.2 现状分析

第一,通过对我国数字企业技术创新的现状进行分析,研究发现:(1)我国数字企业的研发支出规模、研发人员数量、专利申请量持续增长,这表明我国数字企业技术创新水平总体上不断提升。(2)我国数字企业技术创新呈现出明显的区域异质性特征。分南北区域情况来看,南方地区明显高于北方地区;分不同城市群来看,京津冀城市群、长三角城市群和珠三角城市群明显高于长江中游城市群和成渝城市群。(3)我国数字企业技术创新呈现出明显的行业异质性特征。各行业的技术创新水平由高到低排序分别为计算机通信和其他电子设备制造业、软件和信息技术服务业、互联网和相关服务、电信广播电视和卫星传输服务。(4)我国数字经济技术创新呈现出明显的企业异质性特征。分企业所有制情况来看,非国有企业高于国有企业;分不同生命周期情况来看,成长期的数字企业技术创新水平最高,其次为成熟期企业,衰退期企业的技术创新水平最低。

第二,通过对激励数字企业技术创新的相关财税政策进行梳理,研究发现:(1)在政府补贴方面,针对数字企业的政府补贴政策不断完善,补贴规模也在不断扩大,但存在着数量庞大的非创新补贴。(2)在税收优惠方面,当前政策呈现出企业所得税优惠政策占主导、研发阶段是政策实施的关键环节、集成电路企业和软件企业是政策支持的重点对象等特征、但针对数字企业的税收优惠力度不足。(3)在政府采购方面,早期的政府采购制度侧重于规范化管理,政府采购政策的创新效应也未能得到充分显现;在我国由高速增长阶段转向高质量发展阶段后,政府采购的创新激励功能再次受到广泛关注,但数字企业平均获得的政府采购规模却呈现下降的趋势。

7.1.3 实证分析

第一,政府创新补贴显著激励了数字企业技术创新,且该结论在稳健性分析中依然成立。异质性分析表明,政府创新补贴对于成长期、高技术行业及较低制度环境地区的数字企业技术创新具有更为显著的影响效应。进一步的拓展性分析发现，政府创新补贴与数字企业私人研发强度存在显著的倒"U"形关系，且我国当前针对数字企业的政府创新补贴还处于倒"U"形的左侧底部。动态效应分析发现，与滞后1期系数相比，滞后2期及以上的政府创新补贴系数显著下降，而且未能通过10%的显著性统计检验。这表明，政府创新补贴对数字企业技术创新的影响效应不具有动态性。

第二，以低税率、加速折旧、加计扣除等为主要内容的税收优惠政策对数字企业技术创新产生了重要的激励作用。平均而言，税收优惠力度每提高1个单位，我国数字企业的研发强度将提高4.38%。作用机制分析发现，税收优惠主要通过降低研发边际成本、缓解融资约束等直接机制影响数字企业技术创新，而通过向市场发送信号、增加风险投资等间接机制影响数字企业技术创新的可能性较小。异质性分析结果显示，税收优惠主要对融资约束程度较高、非国有、盈利状态、未研发操纵的数字企业技术创新产生了显著的促进作用，而对融资约束程度较低、国有、亏损状态、存在研发操纵的数字企业技术创新并未产生显著影响。此外，税收优惠对软件和信息技术服务业企业技术创新的影响最大，其次是计算机通信和其他电子设备制造业企业，而对信息传输业企业技术创新的影响为负且不显著。

第三，政府创新采购显著激励了数字企业技术创新，且该结论在考虑双向因果、遗漏变量、更换变量度量方式、调整样本区间等内生性及稳健性检验中依然成立。机制检验表明，政府创新采购不仅能够显著降低数字企业的融资约束，而且显著增加了数字企业的营业收入并提高其获取风险资本的概率。异质性分析表明，对于非国有、研发前期阶段及较低制度环境地区的数字企业而言，政府创新采购对企业技术创新的激励作用更加显著、效应更大。

7.2 政策建议

7.2.1 优化促进数字企业技术创新的政府创新补贴政策

（1）加大对数字企业研发创新的政府补贴力度

一方面，我国当前的政府创新补贴显著激励了数字企业的研发强度，但政府补贴中的非创新补贴占比较高，创新补贴的占比较低。另一方面，当前我国数字经济发展面临着创新能力不足等突出问题与挑战。因此，我们应当毫不动摇地坚持创新引领原则，进一步加大对数字企业研发创新的政府补贴力度，着力补齐数字经济发展过程中的短板。具体而言，一是要加大对传感器、集成电路、关键软件、大数据、人工智能、区块链等前沿数字技术基础研发的补贴力度，激励数字企业积极开展基础研发活动；二是要加大对数字技术创新成果转化与产业化的补贴力度，推动数字产业化发展；三是要加大对数字企业合作研发的支持力度，推动创新资源共建共享。当然，考虑到财政的承受能力，在加大对数字企业研发创新补贴力度的同时，要不断压缩非创新类补贴，着力提升我国政府补贴的整体创新效能。

（2）提高政府创新补贴资源的效率

一是要精准定位和有效筛选获取补贴的数字企业，尽量避免逆向选择问题及骗补行为。只有当政府创新补贴给予了研发意愿强烈但融资约束严重的数字企业时，政府创新补贴才是有效率的。因此，要充分利用区块链、云计算、大数据等新兴技术，对数字企业的财务、技术、产品等特征进行"精准画像"，并在此基础上精准筛选补贴对象。与此同时，要鼓励数字企业与高等院校、科研院所等加强研发合作，并充分发挥各创新主体之间的相互监督作用，从内部监督视角抑制逆向选择行为，实现补贴对象的精准化。

二是要充分考虑数字企业的异质性，对不同企业给予差异化的补贴支持力度。本书的研究结果显示，政府创新补贴对数字企业研发的影响效应在不同生命周期及不同行业中存在异质性。因此，为提高政府创新补贴效率，应尽量避免"一刀切"式的补贴政策。具体而言，在补贴金额及支持力度上，应当向成长期、软件和信息技术服务行业数字企业适当倾斜。综上所述，依托新兴技术，通过在补贴对象筛选和补贴金额给予方面的精准施策，逐步构建"精准滴灌型"的政府创新补贴政策，全面提升政策效能。

（3）强化创新补贴政策与金融政策的互动协调

本书的理论分析表明，缓解融资约束是政府创新补贴激励数字企业研发的主要机理。此外，我国数字企业普遍面临融资约束及研发不足问题。因此，从短期来看，在我国金融市场还不完善的情况下，可以鼓励与支持社会资本设立软件产业等数字经济核心产业投资基金，为数字企业提供融资服务，从而与创新补贴政策协同发力,共同助力解决它们在研发过程中面临的融资约束问题。同时也要注意到,政府创新补贴对数字企业研发强度的影响效应不具有动态性。因此,从长期来看,随着数字企业融资环境的逐步改善及数字企业融资约束问题的逐步解决,需要不断压缩政府的直接补贴,逐步减少政府对微观经济活动的直接干预,并不断优化支持数字经济高质量发展的制度环境,实现数字经济健康持续发展。

7.2.2 优化促进数字企业技术创新的税收优惠政策

(1) 加大对数字企业技术创新的税收优惠力度

本书研究发现,税收优惠对我国数字企业的研发投入具有显著促进作用。然而,与世界上的创新强国相比,我国的税收优惠力度较低。此外,与一般企业相比,数字企业面临的不确定性更大、风险更高。因此,为促进我国数字企业的高质量发展,需要进一步加大对数字企业技术创新的税收优惠力度。具体而言,可以考虑将数字企业的研发费用加计扣除比例提升至150%~200%。另外,鉴于数字经济发展过程中表现出的显著外溢性特征,需要进一步提高针对数字经济基础研究与基础设施的税收优惠力度。例如,将数字经济基础设施纳入《公共基础设施项目企业所得税优惠目录》,进而提高数字技术基础研发能力,为数字企业的创新发展奠定基础。

(2) 完善针对软件和信息技术服务业的企业所得税优惠政策

《"十四五"软件和信息技术服务业发展规划》明确指出:"软件是新一代信息技术的灵魂,是数字经济发展的基础,是制造强国、网络强国、数字中国建设的关键支撑。发展软件和信息技术服务业,对于加快建设现代产业体系具有重要意义。"然而,我国软件和信息技术服务业仍面临着产业基础薄弱、关键核心技术存在短板、原始创新和协同创新能力亟需加强等诸多挑战。而作为一种技术密集型行业,软件和信息技术服务业企业的创新发展,尤其是关键核心技术的攻关,需要大量人工智能、区块链、大数据、物联网等方面的专业技术人才。因此,为补齐短板,强化该产业创新发展能力,应当进一步完善软件和信息技术服务业企业所得税优惠政策,以充分发挥企业所得税优惠政策的创新激励效应。具体而言,在激励软件和信息技术服务业人力资本投入方面,我国的企业所得税优惠政策尚有较大改进空间。其一，进一步加大软件和信息技术服务业企业的职工教育经费税前扣除力度。例如，将软件和信息技术服务业企业发生的职工教育经费支出扣除限额比例由现行的8%提高至16%，以激励企业加大职工教育投入，促进该行业人力资本的形成与发展。其二，进一步扩大符合条件软件和信息技术服务业企业的职工培训费用范围。当前，我国对符合条件软件企业的职工培训费用准予单独核算并在计算应纳税所得额时据实扣除。考虑到职工培训基地建设是职工培训的必要前提，所以可以考虑将符合条件的软件和信息技术服务业企业的培训基地建设费用纳入职工培训费用并准予税前全额扣除，以满足职工培训的需要。

(3) 扩大企业所得税优惠税率覆盖范围

本书的研究结果显示，以低税率等为主要内容的企业所得税优惠政策显著促进了数字企业的研发投入。这说明当前实施的企业所得税优惠税率有效激励了数字企业的研发投入。为顺利实现"十四五"数字经济发展规划中的"到2025年，数字经济核心产业增加值占GDP比重达到10%，数字化创新引领发展能力大幅提升"等发展目标，需要进一步扩大企业所得税优惠税率覆盖范围，加大对数字经济核心产业的支持力度，以充分发挥企业所得税优惠政策的激励效应。具体而言，本书建议将获得高新技术企业资格的数字企业的企业所得税优惠税率扩围至所有归入数字经济核心产业的企业。换言之，对所有归入数字经济核心产业的企业实施15%的企业所得税优惠税率，加大力度激励数字企业进行研发投入，提升数字企业的技术创新能力。

(4) 提高激励数字企业技术创新的税收优惠政策精准度

本书的研究结果显示，税收优惠对数字企业技术创新的影响存在明显的异质性。因此，在当前减税空间有限的情形下，需要充分考虑企业融资约束程度、盈利状况与行业特征等因素，实施差异化的税收优惠政策，尽量避免"一刀切"的政策，进而提高政策的有效性与精准度。例如，在成长期，数字企业为提高产品知名度、抢占市场份额、树立企业品牌等，需要投入的广告费与业务宣传费金额较大，此时可能面临较高的融资约束程度，加剧了成长期数字企业的现金流压力。而现行的所得税扣除政策并未将此考虑在内。基于此，为充分缓解成长期数字企业的融资约束问题，激发其创新活力，建议在企业所得税税前扣除时，将新成立数字企业的广告费与业务宣传费的扣除限额比例提高至30%，提高政策的精准性。

（5）加强对数字企业研发投入的税务监管

本书的研究结果表明，税收优惠并未通过信号机制缓解数字企业的融资约束，从而在一定程度上削弱了税收优惠的创新激励效应。究其原因，这可能与我国高新技术企业广泛存在的"研发操纵"现象有关。因此，为充分发挥税收优惠政策的信号传递效应，需要严厉打击通过违法行为获取高新技术企业认证的行为。具体而言，对研发投入刚刚达到法律规定门槛的数字企业，应当根据税收风险适当提高"双随机、一公开"抽查比例。通过加强预防性制度建设，加大依法防控和监督检查力度，从根本上减少甚至杜绝"研发操纵"现象，进而充分发挥税收优惠政策的信号传递效应，全面助推数字企业技术创新发展。

7.2.3　优化促进数字企业技术创新的政府创新采购政策

（1）坚持创新型采购理念并健全政策落实机制

创新是引领发展的第一动力，也是做强做优做大我国数字经济的必然要求。针对我国数字经济关键领域创新能力不足问题，必须坚持创新型采购理念，不断强化政府采购的创新发展功能，并健全政策的落实机制。具体而言，一是要高度重视需求编制环节。对标党中央、国务院的创新驱动发展战略、数字经济发展战略，将支持技术创新等内容嵌入政府采购需求指标及履约条件中。二是要促进政府创新采购领域的公平竞争。要破除政府创新采购领域的地方保护主义，通过公开曝光妨碍公平竞争典型案例等方式，推动政府创新采购的公平公正，从而充分发挥政府创新采购对数字企业技术创新的激励作用。三是要健全政府采购人制度，强化采购人主体责任。可以考虑在数字经济领域试点推行"谁采购、谁负责"机制，通过明确采购人的第一责任人主体地位，构建"采购人对采购结果负责"的制度。

（2）稳步扩大针对数字企业的政府创新采购规模

本书研究发现，我国的政府创新采购显著激励了数字企业的研发投入，促进了数字经济的创新发展。当前，尽管我国政府采购规模增长迅速，但与发达国家相比，比重依然较低，政策潜力尚未得到充分发挥。基于此，为充分发挥政府创新采购对我国数字企业创新发展的激励功能，可以考虑稳步扩大我国政府创新采购规模，更好发挥政府在数字经济发展中的作用。当然，考虑到财政承受能力的问题，一方面要坚持渐进性原则，即逐步扩大对数字企业的采购规模；另一方面要坚持结构优化原则，即不断提升创新采购比重，适度压缩非创新采购比重，逐步优化我国针对数字企业的创新采购结构。

（3）强化政府创新采购政策的精准性

由于不同数字企业面临着不同的资源约束条件，政府创新采购对企业研发创新的影响存在异质性，即政府创新采购对非国有、研发前期阶段的数字企业研发强度的激励作用更加显著。为提升政策效能，应当强化创新采购政策的精准性。一是加大对非国有数字企业的政策支持力度。与国有企业相比，非国有企业面临更为严峻的融资约束问题，但创新动机却更为强烈，因此，在采购金额等方面，可以适当向非国有数字企业倾斜，提升政府创新采购的创新激励效能。二是要加大对研发前期阶段数字企业的创新采购力度。对于研发前期阶段的数字企业，要强化首购制度，并加大政策支持力度，充分发挥创新采购在企业早期阶段的市场创造功能与风险分担功能，助力数字企业做优做大。与此同时，对于研发后期阶段的数字企业，可以逐步压缩政府创新采购规模，直至最终退出。

（4）提升供给侧与需求侧政策工具的协同性

技术创新不仅需要供给推动，而且离不开需求拉动。以政府补贴、税收优惠为代表的供给侧工具和以政府采购为代表的需求侧工具均是激励我国数字企业技术创新的重要政策手段，未来应当进一步提升双侧政策的协同性。具体地，在支持我国数字经济创新发展方面，需要政府创新采购、政府创新补贴、支持创新的税收优惠等政策在理念、内容、方式等方面展现出方向一致性、政策协同性。为此，建议成立数字经济发展委员会，统筹协调供给侧与需求侧的相关政策，强化政策协同性，让政策形成合力，最大化政策效能。

参 考 文 献

[1] 安同良，千慧雄．中国企业 R&D 补贴策略：补贴阈限、最优规模与模式选择 [J]．经济研究，2021，56（01）：122-137.

[2] 白旭云，王砚羽，苏欣．研发补贴还是税收激励——政府干预对企业创新绩效和创新质量的影响 [J]．科研管理，2019，40（06）：9-18.

[3] 波特．国家竞争优势 [M]．北京：中信出版社，2012.

[4] 钞小静，王清．新质生产力驱动高质量发展的逻辑与路径 [J]．西安财经大学学报，2024，37（01）：12-20.

[5] 陈梦根，张鑫．数字经济要素投入核算框架及应用研究 [J]．统计研究，2022，39（08）：3-20.

[6] 陈晓红，李杨扬，宋丽洁，等．数字经济理论体系与研究展望 [J]．管理世界，2022（2）：208-224+13.

[7] 陈远燕，何明俊，张鑫媛．财政补贴、税收优惠与企业创新产出结构——来自中国高新技术上市公司的证据 [J]．税务研究，2018（12）：48-54.

[8] 陈钊．大国治理中的产业政策 [J]．学术月刊，2022，54（01）：46-57+82.

[9] 陈云松．逻辑、想象和诠释：工具变量在社会科学因果推断中的应用 [J]．社会学研究，2012，27（06）：192-216+245-246.

[10] 程远，庄芹芹，郭明英，等．融资约束对企业创新的影响——基于中国工业企业数据的经验证据 [J]．产业经济评论，2021（03）：114-132.

[11] 储德银，纪凡，杨珊．财政补贴、税收优惠与战略性新兴产业专利产出 [J]．税务研究，2017（04）：99-104.

[12] 崔兆财，张志新，李成．政府资助与企业技术创新：缓解匮缺还是滋长惰性？[J]．科研管理，2023，44（05）：140-148.

[13] 戴若尘，王艾昭，陈斌开．中国数字经济核心产业创新创业：典型

事实与指数编制 [J]. 经济学动态, 2022 (04): 29-48.

[14] 邓峰, 杨国歌. 固定资产加速折旧政策对数字企业创新效率的影响 [J]. 中南大学学报（社会科学版）, 2021, 27 (05): 106-118.

[15] 邓峰, 杨国歌, 任转转. R&D 补贴与数字企业技术创新——基于数字经济产业的检验证据 [J]. 产业经济研究, 2021, 113 (04): 27-41.

[16] 邓若冰. 产权性质、政府补贴与企业研发投入——基于政治寻租视角 [J]. 软科学, 2018, 32 (03): 5-9.

[17] 丁志帆. 数字经济驱动经济高质量发展的机制研究：一个理论分析框架 [J]. 现代经济探讨, 2020 (01): 85-92.

[18] 窦超, 李馨子, 陈晓. 政府背景大客户、创新投入及其影响途径 [J]. 科研管理, 2020, 41 (09): 197-208.

[19] 樊纲, 王小鲁, 马光荣. 中国市场化进程对经济增长的贡献 [J]. 经济研究, 2011, 46 (09): 4-16.

[20] 范红忠. 有效需求规模假说、研发投入与国家自主创新能力 [J]. 经济研究, 2007 (03): 33-44.

[21] 范子英, 王倩. 财政补贴的低效率之谜：税收超收的视角 [J]. 中国工业经济, 2019 (12): 23-41.

[22] 冯根福, 郑明波, 温军, 等. 究竟哪些因素决定了中国企业的技术创新——基于九大中文经济学权威期刊和 A 股上市公司数据的再实证 [J]. 中国工业经济, 2021 (01): 17-35.

[23] 冯海红, 曲婉, 李铭禄. 税收优惠政策有利于企业加大研发投入吗？[J]. 科学学研究, 2015, 33 (05): 665-673.

[24] 冯之浚. 国家创新系统的理论与政策 [M]. 北京：经济科学出版社, 1999.

[25] 傅家骥. 技术创新学 [M]. 北京：清华大学出版社, 1998.

[26] 顾露露, 张凯歌. 集权式股权结构会影响信息技术企业创新吗——非执行董事的中介效应 [J]. 科技进步与对策, 2021, 38 (02): 75-84.

[27] 郭斌. 规模、R&D 与绩效：对我国软件产业的实证分析 [J]. 科研管理, 2006 (01): 121-126.

[28] 郭玥. 政府创新补助的信号传递机制与企业创新 [J]. 中国工业经

济，2018（09）：98-116.

[29] 国家互联网信息办公室. 数字中国发展报告（2022年）[R]. 2023.

[30] 韩宝山，李夏. 税收减免提高企业创新活力了吗？——基于融资约束视角的检验[J]. 经济学动态，2022（03）：88-107.

[31] 海本禄，杨君笑，尹西明，等. 外源融资如何影响企业技术创新——基于融资约束和技术密集度视角[J]. 中国软科学，2021（03）：183-192.

[32] 何晴，刘净然，范庆泉. 企业研发风险与补贴政策优化研究[J]. 经济研究，2022，57（05）：192-208.

[33] 何枭吟. 数字经济与信息经济、网络经济和知识经济的内涵比较[J]. 时代金融，2011（29）：47.

[34] 贺娜，李香菊. 税基还是税率？不同税收激励与企业研发创新[J]. 科研管理，2022，43（09）：76-82.

[35] 贺京同，高林. 企业所有权、创新激励政策及其效果研究[J]. 财经研究，2012，38（03）：15-25.

[36] 贺炎林，单志诚，钟腾. 创新补贴政策促进技术创新的有效性研究——融资约束的视角[J]. 经济经纬，2022，39（04）：128-139.

[37] 侯世英，宋良荣. 金融科技发展、金融结构调整与企业研发创新[J]. 中国流通经济，2020，34（04）：100-109.

[38] 胡凯，蔡红英，吴清. 中国的政府采购促进了技术创新吗？[J]. 财经研究，2013，39（09）：134-144.

[39] 黄惠丹，吴松彬. R&D税收激励效应评估：挤出还是挤入？[J]. 中央财经大学学报，2019（04）：16-26+128.

[40] 黄宏斌，翟淑萍，陈静楠. 企业生命周期、融资方式与融资约束——基于投资者情绪调节效应的研究[J]. 金融研究，2016（07）：96-112.

[41] 姜爱华，费堃桀. 政府采购、高管政府任职经历对企业创新的影响[J]. 会计研究，2021，407（09）：150-159.

[42] 姜爱华，费堃桀，张鑫娜. 政府采购、营商环境与企业创新——基于A股上市公司的经验证据[J]. 中央财经大学学报，2022，421（09）：3-15.

[43] 江飞涛，陈强远，王益敏，等. 财政补贴与企业技术创新——来自医疗医药行业文本分析的证据[J]. 经济管理，2021，43（12）：62-78.

[44] 荆文君，孙宝文．数字经济促进经济高质量发展：一个理论分析框架［J］．经济学家，2019（02）：66-73．

[45] 金岳，王文凯，张杰．产权保护、政治关联与民营企业创新——基于《物权法》出台的研究［J］．产业经济研究，2022，118（03）：86-99．

[46] 孔令文，徐长生，易鸣．市场竞争程度、需求规模与企业技术创新——基于中国工业企业微观数据的研究［J］．管理评论，2022，34（01）：118-129．

[47] 匡小平，肖建华．我国自主创新能力培育的税收优惠政策整合——高新技术企业税收优惠分析［J］．当代财经，2008（01）：23-27．

[48] 黎文靖，彭远怀，谭有超．知识产权司法保护与企业创新——兼论中国企业创新结构的变迁［J］．经济研究，2021，56（05）：144-161．

[49] 黎文靖，郑曼妮．实质性创新还是策略性创新？——宏观产业政策对微观企业创新的影响［J］．经济研究，2016，51（04）：60-73．

[50] 李海舰，李燕．对经济新形态的认识：微观经济的视角［J］．中国工业经济，2020（12）：159-177．

[51] 李静，楠玉，刘霞辉．中国研发投入的"索洛悖论"——解释及人力资本匹配含义［J］．经济学家，2017（01）：31-38．

[52] 李拓晨，石孖祎，韩冬日，等．数字经济发展与省域创新质量——来自专利质量的证据［J］．统计研究，2023，40（09）：92-106．

[53] 李万福，杜静，张怀．创新补助究竟有没有激励企业创新自主投资——来自中国上市公司的新证据［J］．金融研究，2017（10）：130-145．

[54] 李文．创新税收激励的国际比较与借鉴［J］．税务研究，2007（04）：54-59．

[55] 李晓华．数字经济新特征与数字经济新动能的形成机制［J］．改革，2019（11）：40-51．

[56] 李燕，朱春奎．政府采购对技术创新的影响效应［J］．中国科技论坛，2016（9）：38-44．

[57] 李远慧，徐一鸣．税收优惠对先进制造业企业创新水平的影响［J］．税务研究，2021（05）：31-39．

[58] 梁平汉，郭宇辰．中国政府采购公告数据的使用和潜在问题［J］．产业经济评论，2023（01）：68-80．

[59] 梁睿昕,李姚矿. 政府创新政策对数字企业技术创新激励效应研究[J]. 统计研究,2023,40(11):40-52.

[60] 林毅夫. 百年未有之大变局下的中国新发展格局与未来经济发展的展望[J]. 北京大学学报(哲学社会科学版),2021,58(05):32-40.

[61] 林毅夫,李志赟. 政策性负担、道德风险与预算软约束[J]. 经济研究,2004(02):17-27.

[62] 林志帆,黄新飞,李灏桢. 何种产业政策更有助于企业创新:选择性还是功能性?——基于中国制造业上市公司专利数据的经验研究[J]. 财政研究,2022(01):110-129.

[63] 林志帆,刘诗源. 税收负担与企业研发创新——来自世界银行中国企业调查数据的经验证据[J]. 财政研究,2017(02):98-112.

[64] 林洲钰,林汉川,邓兴华. 政府补贴对企业专利产出的影响研究[J]. 科学学研究,2015,33(06):842-849.

[65] 蔺鹏,孟娜娜,褚席,等. 金融结构对技术创新效率的影响效应——不同金融发展模式对比分析[J]. 科技进步与对策,2020,37(14):21-30.

[66] 刘放,杨筝,杨曦. 制度环境、税收激励与企业创新投入[J]. 管理评论,2016,28(02):61-73.

[67] 刘凤朝,赵雪键,马荣康. 政府采购促进了企业R&D投入吗?——基于中小企业上市公司的实证分析[J]. 科学学与科学技术管理,2017,38(07):42-52.

[68] 刘冠辰,李元祯,李萌. 私募股权投资、高管激励与企业创新绩效——基于专利异质性视角的考察[J]. 经济管理,2022,44(08):116-134.

[69] 刘敬富,靳卫东,刘研. 政府采购对企业科技创新的驱动作用:产品异质性特征视角[J]. 科技进步与对策,2020,37(05):10-17.

[70] 刘兰剑,张萌,黄天航. 政府补贴、税收优惠对专利质量的影响及其门槛效应——基于新能源汽车产业上市公司的实证分析[J]. 科研管理,2021,42(06):9-16.

[71] 刘力钢,霍春辉,魏永德. 中国汽车制造企业规模与绩效的关联性研究——基于典型汽车制造企业的实证分析[J]. 辽宁大学学报(哲学社会科学版),2009,37(02):115-123.

[72] 刘诗源，林志帆，冷志鹏. 税收激励提高企业创新水平了吗？——基于企业生命周期理论的检验 [J]. 经济研究，2020，55（06）：105-121.

[73] 刘云，闫哲，程旖婕，等. 政府采购促进科技创新的政策作用机制及实证研究——以北京市为例 [J]. 中国软科学，2017（08）：9-20.

[74] 柳光强. 税收优惠、财政补贴政策的激励效应分析——基于信息不对称理论视角的实证研究 [J]. 管理世界，2016（10）：62-71.

[75] 龙小宁，林志帆. 中国制造业企业的研发创新：基本事实、常见误区与合适计量方法讨论 [J]. 中国经济问题，2018（02）：114-135.

[76] 鲁桐，党印. 公司治理与技术创新：分行业比较 [J]. 经济研究，2014，49（06）：115-128.

[77] 鲁钊阳，邓琳钰，黄箫竹，等. 数字经济促进区域高质量发展的实证研究 [J]. 中国软科学，2023（12）：175-184.

[78] 罗良清，平卫英，张雨露. 基于融合视角的中国数字经济卫星账户编制研究 [J]. 统计研究，2021，38（01）：27-37.

[79] 马歇尔. 经济学原理上卷 [M]. 北京：商务印书馆，1981.

[80] 毛捷，曹婧，杨晨曦. 营改增对企业创新行为的影响——机制分析与实证检验 [J]. 税务研究，2020（07）：12-19.

[81] 毛其淋，许家云. 政府补贴对企业新产品创新的影响——基于补贴强度"适度区间"的视角 [J]. 中国工业经济，2015（06）：94-107.

[82] 毛新述，于娜. 产品市场竞争与商业类国有企业创新 [J]. 中央财经大学学报，2023（02）：52-62.

[83] 梅宏. 大数据发展与数字经济 [J]. 中国工业和信息化，2021（5）：60-66.

[84] 聂辉华，李光武，李琛. 关于企业补贴的八个关键问题——兼评当下的产业政策研究 [J]. 学术月刊，2022，54（06）：47-60.

[85] 欧阳日辉. 数字经济的理论演进、内涵特征和发展规律 [J]. 广东社会科学，2023（01）：25-35+286.

[86] 裴长洪，倪江飞，李越. 数字经济的政治经济学分析 [J]. 财贸经济，2018，39（09）：5-22.

[87] 庇古. 福利经济学 [M]. 北京：中国社会科学出版社，1999.

[88] 沈思, 刘文龙. 数字经济企业的减税降费效应分析——以深圳市为例 [J]. 税收经济研究, 2021, 26 (03): 33-43.

[89] 宋清, 刘奕惠. 市场竞争程度、研发投入和中小科技企业创新产出——基于风险投资调节的条件过程分析 [J]. 中国软科学, 2021 (10): 182-192.

[90] 苏婧, 李思瑞, 杨震宁. "歧路亡羊": 政府采购、股票投资者关注与高技术企业创新——基于A股软件企业的实证研究 [J]. 科学学与科学技术管理, 2017, 38 (05): 37-48.

[91] 孙薇, 叶初升. 政府采购何以牵动企业创新——兼论需求侧政策"拉力"与供给侧政策"推力"的协同 [J]. 中国工业经济, 2023 (01): 95-113.

[92] 孙源序, 雷娜, 刘晓倩. 数字经济可以促进城乡融合发展吗?——来自中国268个城市的经验证据 [J]. 南方金融, 2023 (12): 38-53.

[93] 佟家栋, 张千. 数字经济内涵及其对未来经济发展的超常贡献 [J]. 南开学报 (哲学社会科学版), 2022 (03): 19-33.

[94] 童锦治, 刘诗源, 林志帆. 财政补贴、生命周期和企业研发创新 [J]. 财政研究, 2018 (04): 33-47.

[95] 王春元, 叶伟巍. 税收优惠与企业自主创新: 融资约束的视角 [J]. 科研管理, 2018, 39 (03): 37-44.

[96] 王宏伟, 朱雪婷, 殷晨曦. 中国光伏产业发展及电价补贴政策影响研究 [J]. 数量经济技术经济研究, 2022, 39 (07): 90-112.

[97] 王靖宇, 付嘉宁, 张宏亮. 产品市场竞争与企业创新: 一项准自然实验 [J]. 现代财经 (天津财经大学学报), 2019, 39 (12): 52-66.

[98] 王丽. 税收优惠政策对高新技术企业研发投入的影响研究 [D]. 大连: 东北财经大学, 2023.

[99] 王乔. 国家创新驱动发展战略的财税支持政策研究 [J]. 税务研究, 2022 (06): 143-145.

[100] 王乔, 黄瑶妮, 张东升. 支持科技成果转化的财税政策研究 [J]. 当代财经, 2019 (07): 28-36.

[101] 王小波, 孔莉霞. 城市数字经济发展对制造业集聚水平的影响 [J]. 经济地理, 2023, 43 (09): 131-138.

[102] 王晓燕, 郭建鸾, 张璐, 等. "专一"还是"多变": 高管职业路

径如何影响企业创新？［J］.经济管理，2023，45（01）：144-168.

［103］吴超鹏，唐菂.知识产权保护执法力度、技术创新与企业绩效——来自中国上市公司的证据［J］.经济研究，2016，51（11）：125-139.

［104］吴贵生.技术创新管理（第2版）［M］.北京：清华大学出版社，2000.

［105］吴金光，毛军，唐畅.政府研发补贴是否激励了科技型中小企业创新？［J］.中国软科学，2022，381（09）：184-192.

［106］吴敬琏.政府在营建中国"硅谷"过程中的作为［J］.特区与港澳经济，2000（12）：2-5.

［107］吴文锋，吴冲锋，芮萌.中国上市公司高管的政府背景与税收优惠［J］.管理世界，2009（03）：134-142.

［108］吴伟伟，张天一.非研发补贴与研发补贴对新创企业创新产出的非对称影响研究［J］.管理世界，2021，37（03）：137-160+10.

［109］吴延兵.国有企业双重效率损失研究［J］.经济研究，2012，47（03）：15-27.

［110］伍红，郑家兴.政府补助和减税降费对企业创新效率的影响——基于制造业上市企业的门槛效应分析［J］.当代财经，2021（03）：28-39.

［111］武威，刘玉廷.政府采购与企业创新：保护效应和溢出效应［J］.财经研究，2020，46（05）：7-36.

［112］习近平.不断做强做优做大我国数字经济［J］.求是，2022（2）：4-8.

［113］向书坚，吴文君.中国数字经济卫星账户框架设计研究［J］.统计研究，2019，36（10）：3-16.

［114］肖建华，谢璐华.政府采购、市场竞争与省域创新能力［J］.财经理论与实践，2020，41（05）：90-96.

［115］肖土盛，吴雨珊，亓文韬.数字化的翅膀能否助力企业高质量发展——来自企业创新的经验证据［J］.经济管理，2022，44（05）：41-62.

［116］徐建斌.财税政策激励企业技术创新的国外研究进展［J］.税收经济研究，2019，24（05）：34-41.

［117］徐建斌，李春根.政府采购促进企业技术创新了吗——基于分行

业的比较分析 [J]. 当代财经, 2020 (09): 28-38.

[118] 徐建斌, 彭瑞娟. 企业所得税优惠政策对数字经济企业研发投入的激励效应研究 [J]. 税务研究, 2022 (07): 70-75.

[119] 徐建斌, 彭瑞娟. 激励企业技术创新的财税政策效应研究 [M]. 北京: 中国财政经济出版社, 2022.

[120] 徐建斌, 彭瑞娟, 何凡. 政府创新补贴提升数字经济企业研发强度了吗? [J]. 经济管理, 2023, 45 (04): 172-190.

[121] 徐晓萍, 张顺晨, 许庆. 市场竞争下国有企业与民营企业的创新性差异研究 [J]. 财贸经济, 2017, 38 (02): 141-155.

[122] 徐智, 郑婷婷, 王虹, 等. 政策激励、盈余管理与企业创新质量 [J]. 软科学, 2023, 37 (10): 39-46.

[123] 许庆瑞. 研究、发展与技术创新管理 [M]. 北京: 高等教育出版社, 2000.

[124] 许宪春, 张美慧. 中国数字经济规模测算研究——基于国际比较的视角 [J]. 中国工业经济, 2020 (05): 23-41.

[125] 严成樑, 龚六堂. 熊彼特增长理论: 一个文献综述 [J]. 经济学 (季刊), 2009, 8 (03): 1163-1196.

[126] 杨国超, 刘静, 廉鹏, 等. 减税激励、研发操纵与研发绩效 [J]. 经济研究, 2017, 52 (08): 110-124.

[127] 杨国超, 芮萌. 高新技术企业税收减免政策的激励效应与迎合效应 [J]. 经济研究, 2020, 55 (09): 174-191.

[128] 杨欢, 李香菊. 政府创新补贴对企业创新效率的影响效应及机制识别研究 [J]. 管理学报, 2023, 20 (04): 558-567.

[129] 杨杨, 曹玲燕, 杜剑. 企业所得税优惠政策对技术创新研发支出的影响——基于我国创业板上市公司数据的实证分析 [J]. 税务研究, 2013 (03): 24-28.

[130] 杨洋, 魏江, 罗来军. 谁在利用政府补贴进行创新?——所有制和要素市场扭曲联合调节效应 [J]. 管理世界, 2015 (01): 75-86+98+188.

[131] 姚东旻, 朱泳奕. "指引促进"还是"锦上添花"?——我国财政补贴对企业创新投入的因果关系的再检验 [J]. 管理评论, 2019, 31 (06):

77-90.

[132] 姚林香, 彭瑞娟, 徐建斌. 异质性政府补贴对企业研发投入与研发产出的非对称影响 [J]. 当代财经, 2022 (10): 40-51.

[133] 叶永卫, 梁燚焱, 云锋, 等. 人力资本投资税收激励与企业创新——来自职工教育经费税前扣除政策的证据 [J]. 财政研究, 2023 (07): 115-129.

[134] 尹忠明, 史兆晨, 王嘉琪. 数字经济对我国制造业出口结构的影响 [J]. 财经科学, 2023 (12): 132-145.

[135] 易宪容, 陈颖颖, 位玉双. 数字经济中的几个重大理论问题研究——基于现代经济学的一般性分析 [J]. 经济学家, 2019 (07): 23-31.

[136] 余长林, 孟祥旭. "海归" 高管与中国数字产业技术创新 [J]. 吉林大学社会科学学报, 2022, 62 (06): 127-145+234.

[137] 余长林, 杨国歌, 杜明月. 产业政策与中国数字经济行业技术创新 [J]. 统计研究, 2021, 38 (01): 51-64.

[138] 余典范, 王超, 陈磊. 政府补助、产业链协同与企业数字化 [J]. 经济管理, 2022, 44 (05): 63-82.

[139] 余典范, 王佳希. 政府补贴对不同生命周期企业创新的影响研究 [J]. 财经研究, 2022, 48 (01): 19-33.

[140] 余江, 徐梓峰, 叶林. 企业规模、市场结构与技术创新: 对两个熊彼特假说的再考察 [J]. 贵州财经大学学报, 2023 (03): 60-70.

[141] 余明桂, 范蕊, 钟慧洁. 中国产业政策与企业技术创新 [J]. 中国工业经济, 2016 (12): 5-22.

[142] 余明桂, 回雅甫, 潘红波. 政治联系、寻租与地方政府财政补贴有效性 [J]. 经济研究, 2010, 45 (03): 65-77.

[143] 袁建国, 范文林, 程晨. 税收优惠与企业技术创新——基于中国上市公司的实证研究 [J]. 税务研究, 2016 (10): 28-33.

[144] 应千伟, 何思怡. 政府研发补贴下的企业创新策略: "滥竽充数" 还是 "精益求精" [J]. 南开管理评论, 2022, 25 (02): 57-69.

[145] 曾萍, 吕迪伟, 刘洋. 技术创新、政治关联与政府创新支持: 机制与路径 [J]. 科研管理, 2016, 37 (07): 17-26.

[146] 张杰. 政府创新补贴对中国企业创新的激励效应——基于U型关

系的一个解释[J].经济学动态,2020(06):91-108.

[147]张杰,芦哲,郑文平,等.融资约束、融资渠道与企业R&D投入[J].世界经济,2012,35(10):66-90.

[148]张杰,陈志远,杨连星,等.中国创新补贴政策的绩效评估:理论与证据[J].经济研究,2015,50(10):4-17+33.

[149]张克中,何凡,黄永颖,等.税收优惠、租金分享与公司内部收入不平等[J].经济研究,2021,56(06):110-126.

[150]张森,温军,刘红.数字经济创新探究:一个综合视角[J].经济学家,2020(02):80-87.

[151]张琦,张悦悦,段蒙汉,等.政府数据与企业技术创新——基于政府采购合同的实证研究[J].工程管理科技前沿,2023,42(02):43-50.

[152]张杰,郑文平.创新追赶战略抑制了中国专利质量么?[J].经济研究,2018,53(05):28-41.

[153]张双龙,金荣学,刘奥.技术引进税收优惠能否促进企业自主创新?[J].财经研究,2022,48(08):124-138.

[154]张悦,王晨阳,王京.税收优惠政策促进软件企业创新效果分析[J].税务研究,2023(06):124-129.

[155]张志楠.我国数字经济的未来趋势[J].张江科技评论,2021(2):5.

[156]赵珊珊,王素荣,陈晓晨.高管学术经历、企业异质性与企业创新[J].现代财经(天津财经大学学报),2019,39(05):73-89.

[157]赵书博.改革开放以来我国税制改革的伟大成就、成功经验与未来展望[J].管理世界,2021,37(10):26-40.

[158]赵扬,杜凯."加速折旧"如何赋能数字企业创新?[J].南方经济,2023(04):130-158.

[159]郑妍妍,戴晓慧,魏倩.融资约束与企业研发投资——来自中国工业企业的微观证据[J].中央财经大学学报,2017(05):58-66.

[160]中国信通院.中国数字经济发展研究报告(2017)[R].2017.

[161]中国信通院.中国数字经济发展研究报告(2023)[R].2023.

[162]钟腾,汪昌云,李宗龙.股权结构、隧道效应与创新产出——来

自制造业上市公司的证据 [J]. 厦门大学学报（哲学社会科学版），2020（06）：119-130.

[163] 周黎安. 中国地方官员的晋升锦标赛模式研究 [J]. 经济研究，2007（07）：36-50.

[164] 周燕，潘遥. 财政补贴与税收减免——交易费用视角下的新能源汽车产业政策分析 [J]. 管理世界，2019，35（10）：133-149.

[165] 朱春奎，李燕. 创新促进型政府采购理论述评 [J]. 公共行政评论，2014，7（04）：153-172+186.

[166] 朱恒鹏. 企业规模、市场力量与民营企业创新行为 [J]. 世界经济，2006（12）：41-52+96.

[167] 庄毓敏，储青青，马勇. 金融发展、企业创新与经济增长 [J]. 金融研究，2020，478（04）：11-30.

[168] 庄子银，贾红静，李汛. 知识产权保护对企业创新的影响研究——基于企业异质性视角 [J]. 南开管理评论，2023，26（05）：61-73.

[169] Afcha S, Lucena A. The Effectiveness of R&D Subsidies in Fostering Firm Innovation: The Role of Knowledge-sourcing Activities [J]. Business Research Quarterly, 2021, 24 (4): 302-323.

[170] Aghion P, Bloom N, Blundell R, et al. Competition and Innovation: An Inverted-U Relationship [J]. The Quarterly Journal of Economics, 2005, 120 (2): 701-728.

[171] Akcigit U, Alp H, Peters M. Lack of Selection and Limits to Delegation: Firm Dynamics in Developing Countries [J]. American Economic Review, 2021, 111 (1): 231-275.

[172] Akcigit U, Grigsby J, Nicholas T, et al. Taxation and Innovation in the Twentieth Century [J]. Quarterly Journal of Economics, 2022, 137 (1): 329-385.

[173] Akcigit U, Stantcheva S. Taxation and Innovation: What Do We Know? [R]. NBER Working Papers, No. 27109, 2020.

[174] Albano G L, Nicholas C. The Law and Economics of Framework Agreements [M]. Cambridge: Cambridge University Press, 2016.

[175] Almus M, Czarnitzki D. The Effects of Public R&D Subsidies on Firms' Innovation Activities [J]. Journal of Business & Economic Statistics, 2003, 21 (2): 226-236.

[176] Antia M J, Pantzalis C, Park J C. CEO Decision Horizon and Firm Performance: An Empirical Investigation [J]. Journal of Corporate Finance, 2010, 16 (3): 288-301.

[177] Arrow K J. Economic Welfare and the Allocation of Resources for Invention [C]. In Readings in Industrial Economics, London: Macmillan Education UK, 1962: 219-236.

[178] Aschhoff B, Sofka W. Innovation on Demand—Can Public Procurement Drive Market Success of Innovations? [J]. Research Policy, 2009, 38 (8): 1235-1247.

[179] Arrow K J. Economic Welfare and the Allocation of Resources for Invention [C]. In Readings in Industrial Economics, London: Macmillan Education UK, 1962: 219-236.

[180] Atanassov J, Liu X D. Can Corporate Income Tax Cuts Stimulate Innovation? [J]. Journal offiscal and Quantitative Analysis, 2020, 55 (5): 1415-1465.

[181] Autor D, Dorn D, Hanson G H, et al. Foreign Competition and Domestic Innovation: Evidence from US Patents [J]. American Economic Review: Insights, 2020, 2 (3): 357-374.

[182] Avom et al. Does digitalization promote new job creation? Empirical evidence from WAEMU countries [J]. Telecommunications Policy, 2021, 45 (8): 102-215.

[183] Barker V L, Mueller G C. CEO Characteristics and Firm R&D Spending [J]. Management Science, 2002, 48 (6): 782-801.

[184] BEA. Measuring the Digital Economy: An Update Incorporating Data from the 2018 Comprehensive Update of the Industry Economic Accounts [R]. https://www.bea.gov/system/files/2019-04/digital-economy-report-updateApril-2019_1.pdf, 2019.

[185] Becker B, Hall S. Do R&D Strategies in High-Tech Sectors Differ from

Those in Low – Tech Sectors? an Alternative Approach to Testing the Pooling Assumption [J]. Economic Change and Restructuring, 2013, 46 (2): 183 – 202.

[186] Benfratello L, Schiantarelli F, Sembenell A. Banks and Innovation: Microeconometric Evidence on Italian Firms [J]. Journal of fiscal Economics, 2008, 90 (2): 197 – 217.

[187] Benmelech E, Frydman C. Military CEOs [J]. Journal of fiscal Economics, 2015, 117 (1): 43 – 59.

[188] Bernstein S. Does Going Public Affect Innovation? [J]. The Journal of Finance, 2015, 70 (4): 1365 – 1403.

[189] Bessen J, Maskin E. Sequential Innovation, Patents, and Imitation [J]. RAND Journal of Economics, 2009, 40 (4): 611 – 635.

[190] Bianchini S, Llerena P, Martino R. The Impact of R&D Subsidies under Different Institutional Frameworks [J]. Structural Change and Economic Dynamics, 2019, 50 (1): 65 – 78.

[191] Black F, Scholes M S. The Pricing of Options and Corporate Liabilities [J]. Journal of Political Economy, 1973, 81 (3): 637 – 654.

[192] Bloom N, Reenen J V, Williams H. A Toolkit of Policies to Promote Innovation [J]. Journal of Economic Perspectives, 2019, 33 (3): 163 – 184.

[193] Boeing P. The Allocation and Effectiveness of China's R&D Subsidies – Evidence from Listed Firms [J]. Research Policy, 2016, 45 (9): 1774 – 1789.

[194] Boeing P, Eberle J, Howell A. The Impact of China's R&D Subsidies on R&D Investment, Technological Upgrading and Economic Growth [J]. Technological Forecasting and Social Change, 2022, 174 (3): 121 – 131.

[195] Bong K H, Park S, Park J. What Types of Public R&D Support Increase Employment Performance? Evidence from Korean Firm – level Data [J]. Applied Economics Letters, 2020, 27 (8): 673 – 678.

[196] Boone J. Intensity of Competition and the Incentive to Innovate [J]. International Journal of Industrial Organization, 2001, 19 (5): 705 – 726.

[197] Bozeman B. Technology Transfer and Public Policy: A Review of Research and Theory [J]. Research Policy, 2000, 29 (4/5): 627 – 655.

[198] Bronzini R, Iachini E. Are Incentives for R&D Effective? Evidence from a Regression Discontinuity Approach [J]. American Economic Journal: Economic Policy, 2014, 6 (4): 100 – 134.

[199] Bronzini R, Piselli P. The Impact of R&D Subsidies on Firm Innovation [J]. Research Policy, 2016, 45 (2): 442 – 457.

[200] Brown J R, Fazzari S M, Petersen B C. Financing Innovation and Growth: Cash Flow, External Equity, and the 1990s R&D Boom [J]. The Journal of Finance, 2009, 64 (1): 151 – 185.

[201] Bukht R, Heeks R. Defining, conceptualising and measuring the digital economy [Z]. GDI Development Informatics Working Papers, No. 68, 2017. http://hummedia.manchester.ac.uk/institutes/gdi/publications/workingpapers/di/di_wp68.pdf.

[202] Bunel S, Hadjibeyli B. An Evaluation of the Innovation Tax Credit [J]. Economics and Statistics/Economie et Statistique, 2021, 526 – 527: 113 – 135.

[203] Cappelen Å, Raknerud A, Rybalka M. The Effects of R&D Tax Credits on Patenting and Innovations [J]. Research Policy, 2012, 41 (2): 334 – 345.

[204] Caravella S, Crespi F. The Role of Public Procurement as Innovation Lever: Evidence from Italian Manufacturing Firms [J]. Economics of Innovation and New Technology, 2021, 30 (7): 663 – 684.

[205] Castellacci F, Lie C M. Do the Effects of R&D Tax Credits Vary across Industries? A Meta – Regression Analysis [J]. Research Policy, 2015, 44 (4): 819 – 832.

[206] Cette G, Lopez J, Mairesse J. Upstream Product Market Regulations, ICT, R&D and Productivity [J]. Review of Income and Wealth, 2017, 63 (S1): 68 – 89.

[207] Chen J, Heng C S, Tan B C Y, et al. The Distinct Signaling Effects of R&D Subsidy and Non – R&D Subsidy on IPO Performance of IT Entrepreneurial Firms in China [J]. Research Policy, 2018, 47 (1): 108 – 120.

[208] Chen Y, Puttitanun T. Intellectual Property Rights and Innovation in Developing Countries [J]. Journal of Development Economics, 2005, 78 (2):

474-493.

[209] Chen Z, Liu Z, Xu D Y, et al. Notching R&D Investment with Corporate Income Tax Cuts in China [J]. American Economic Review, 2021, 111 (7): 2065-2100.

[210] Cheng S. R&D Expenditures and CEO Compensation [J]. Accounting Review, 2004, 79 (2): 305-328.

[211] Chinn M D, Fairlie R W. The determinants of the global digital divide: a cross-country analysis of computer and internet penetration [J]. Oxford Economic Papers-New Series, 2007, 59 (1): 16-44.

[212] Choi H, Kim Y. Too Much Support from the Government: Government R&D Subsidies and their Impacts on R&D Investments and Firm Innovation [J]. Korean Management Review, 2016, 45 (6): 1833-1857.

[213] Clemente F. Analysis of the Brazilian Tax Incentives to Innovation and Patent Data: a Principal-Agent Model Approach [J]. Journal of Finance & Economic Policy/Revista Finanzas y Política Económica, 2021, 13 (2): 403-437.

[214] Colombo Daniel Gama e, Cruz Helio Nogueira da. Impact Assessment of Innovation Tax Incentives in Brazil [J]. Innovation & Management Review, 2023, 20 (1): 28-42.

[215] Crespi F, Guarascio D. The Demand-Pull Effect of Public Procurement on Innovation and Industrial Renewal [J]. Industrial and Corporate Change, 2019, 28 (4): 793-815.

[216] Cucculelli M, Ermini B. Risk Attitude, Product Innovation and Firm Growth, Evidence from Italian Manufacturing Firms [J]. Economics Letters, 2013, 118 (2): 275-279.

[217] Czarnitzki D, Hanel P, Rosa J M. Evaluating the Impact of R&D Tax Credits on Innovation: A Microeconometric Study on Canadian Firms [J]. Research Policy, 2011, 40 (2): 217-229.

[218] Czarnitzki D, Hünermund P, Moshgbar N. Public Procurement of Innovation: Evidence from a German Legislative Reform [J]. International Journal of Industrial Organization, 2020, 71: 102-142.

[219] Czarnitzki D, Hottenrott H. R&D Investment and Financing Constraints of Small and Medium – Sized Firms [J]. Small Business Economics, 2011, 36 (1): 65 – 83.

[220] David P A, Hall B H, Toole A A. Is Public R&D a Complement or Substitute for Private R&D? A Review of the Econometric Evidence [J]. Research Policy, 2000, 29 (4/5): 497 – 529.

[221] Dechezleprêtre A, Einiö E, Martin R, et al. Do Tax Incentives for Research Increase Firm Innovation? An Rd Design for R&D [R]. Working Papers, 2016.

[222] Dickinson V. Cash Flow Patterns as a Proxy for Firm Life Cycle [J]. Accounting Review, 2011, 86 (6): 969 – 994.

[223] DiMaggio P J, Powell W W. The Iron Cage Revisited: Institutional Isomorphism and Collective Rationality in Organization Fields [J]. American Sociological Review, 1983, 48 (2): 147 – 160.

[224] Edler J, Georghiou L. Public Procurement and Innovation – Resurrecting the Demand Side [J]. Research Policy, 2007, 36 (7): 949 – 963.

[225] Dosi G. Sources, Procedures, and Microeconomic Effects of Innovation [J]. Journal of Economic Literature, 1988, 26 (3): 1120 – 1171.

[226] Edler J, Georghiou L, Blind K, et al. Evaluating the Demand Side: New Challenges for Evaluation [J]. Research Evaluation, 2012, 21 (1): 33 – 47.

[227] Edquist, C. Innovation – related Public Procurement as a Demand – oriented Innovation Policy Instrument [R]. CIRCLE Papers in Innovation Studies, No. 28, 2015.

[228] Edquist C, Hommen L. Public Technology Procurement and Innovation Theory [J]. Public Technology Procurement and Innovation, 2000, 16: 5 – 70.

[229] Edquist C, Zabala – Iturriagagoitia J M. Public Procurement for Innovation as Mission – Oriented Innovation Policy [J]. Research Policy, 2012, 41 (10): 1757 – 1769.

[230] Eisner R, Albert S H, Sullivan M A. The New Incremental Tax Credit for R&D: Incentive or Disincentive? [J]. National Tax Journal, 1984, 37 (2):

171-183.

[231] Enos J L. Invention and Innovation in the Petroleum Refining Industry [J]. NBER Chapters, 1962, 27 (8): 786-790.

[232] Eurostat. Digital Economy and Society in the EU – A Browse Through Our Online World in Figures [R]. Luxembourg: Eurostat, 2017.

[233] Feldman M P, Kelley M. The Ex Ante Assessment of Knowledge Spillovers: Government R&D Policy, Economic Incentives and Private Firm Behavior [J]. Research Policy, 2006, 35 (10): 1509-1521.

[234] Freeman C. Technology policy and economic performance [M]. Pinter Publishers Great Britain, 1989.

[235] Foray D. Why Is It So Difficult to Translate Innovation Economics into Useful and Applicable Policy Prescriptions? [M]. University of Chicago Press, 2011: 673-678.

[236] Freitas I B, Castellacci F, Fontanac R, et al. Sectors and the Additionality Effects of R&D Tax Credits: A Cross-Country Microeconometric Analysis [J]. Research Policy, 2017, 46 (1): 57-72.

[237] Fuest C, Peichl A, Siegloch S. D Higher Corporate Taxes Reduce Wages? Micro Evidence from Germany [J]. American Economic Review, 2018, 108 (2): 393-418.

[238] Gaessler F, Hall B H, Harhoff D. Should There Be Lower Taxes on Patent Income? [J]. Research Policy, 2021, 50 (1): 104-129.

[239] Gaputo A, Marzi, Pellegrini M. The Internet of Things in Manufacturing Process Innovation [J]. Business Process Management Journal, 2016, 22 (2): 383-402.

[240] Geroski P A. Procurement Policy as a Tool of Industrial Policy [J]. International Review of Applied Economics, 1990, 4 (2): 182-198.

[241] Ghazinoory S, Hashemi Z. Do Tax Incentives and Direct Funding Enhance Innovation Input and Output in High-tech Firms? [J]. Journal of High Technology Management Research, 2021, 32 (1): 161-179.

[242] Goldfarb A, Tucker C. Digital Economics [J]. Journal of Economic

Literature, 2019, 57 (1): 3-43.

[243] González X, Pazó C. Do Public Subsidies Stimulate Private R&D Spending? [J]. Research Policy, 2008, 37 (3): 371-389.

[244] Görg H, Strobl E. The Effect of R&D Subsidies on Private R&D [J]. Economica, 2007, 74 (5): 215-234.

[245] Graves S B. Institutional Ownership and Corporate R&D in the Computer Industry [J]. Academy of Management Journal, 1988, 31 (2): 417-427.

[246] Greenhalgh C, M Rogers. The Value of Intellectual Property Rights to Firms and Society [J]. Oxford Review of Economic Policy, 2007, 23 (4): 541-567.

[247] Greenwald B C, Stiglitz J E. Externalities in Economies with Imperfect Information and Incomplete Markets [J]. Quarterly Journal of Economics, 1986, 101 (2): 229-264.

[248] Guceri I, Liu, L. Effectiveness of Fiscal Incentives for R&D: Quasi-Experimental Evidence [J]. American Economic Journal - Economic Policy, 2019, 11 (1): 266-291.

[249] Guerzoni M, Raiteri E. Demand-side vs. Supply-Side Technology Policies: Hidden Treatment and New Empirical Evidence on the Policy Mix [J]. Research Policy, 2015, 44 (3): 726-747.

[250] Hall B H. The Financing of Research and Development [J]. Oxford Review of Economic Policy, 2002, 18 (1): 35-51.

[251] Hall B, Reenen J V. How Effective Are Fiscal Incentives for R&D? A Review of the Evidence [J]. Research Policy, 2000, 29 (4-5): 449-469.

[252] Hansen J A. Innovation, Firm Size, and Firm Age [J]. Small Business Economics, 1992, 4 (1): 37-44.

[253] Hill C W L, Snell S A. Effects of Ownership Structure and Control on Corporate Productivity [J]. The Academy of Management Journal, 1989, 32 (1): 25-46.

[254] Himmelberg C P, Petersen B C. R&D and Internal Finance: A Panel Study of Small Firms in High-Tech Industries [J]. Review of Economics & Statis-

tic, 1994, 76 (1): 38 – 51.

[255] Hirshleifer D, Low A, Teoh S H. Are Overconfident CEOs Better Innovators? [J]. The Journal of Finance, 2012, 67 (4): 1457 – 1498.

[256] Holderness C G, Sheehan D P. The Role of Majority Share Holders in Publicly Held Corporations: An Exploratory Analysis [J]. Journal of fiscal Economics, 1988, 20: 317 – 346.

[257] Honohan P. fiscal Development, Growth and Poverty: How Close are the Links? [M]. Palgrave Macmillan, London, 2004: 1 – 37.

[258] Hovakimian G. fiscal Constraints and Investment Efficiency: Internal Capital Allocation Across the Business Cycle [J]. Journal of fiscal Intermediation, 2011, 20 (2): 264 – 283.

[259] Howell S T. Financing Innovation Evidence from R&D Grants [J]. American Economic Review, 2017, 107 (4): 1136 – 1164.

[260] Howitt P. Steady Endogenous Growth with Population and R&D Inputs Growing [J]. Journal of Political Economy, 1999, 107 (5): 715 – 730.

[261] Hu A G, Jefferson G H. A Great Wall of Patents: What is Behind China's Recent Patent Explosion? [J]. Journal of Development Economics, 2009, 90 (1): 57 – 68.

[262] Huergo E, Jaumandreu J. How Does Probability of Innovation Change with Firm Age? [J]. Small Business Economics, 2004, 22 (3 – 4): 193 – 207.

[263] Iwata H. Effects of Competition Forms and Market Structure on Green Innovation Incentives [R]. MPRA Paper, 2020.

[264] Jones C. Growth: with or without Scale Effects ? [J]. American Economic Review, 1999, 89 (2): 139 – 144.

[265] Mirella D, Fabrizio P, Alfred K. Robots, Skills and Temporary Jobs: Evidence from Six European Countries [J]. Industry and Innovation, 2023, 30 (8): 1060 – 1109.

[266] Mitchell J, Testa G, Martinez M S, Cunningham P N, Szkuta K. Tax Incentives for R&D: Supporting Innovative Scale – ups? [J]. Research Evaluation, 2020, 29 (2): 121 – 134.

［267］Zabala - Iturriagagoitia J M. Fostering Regional Innovation, Entrepreneurship and Growth through Public Procurement ［J］. Small Bus Econ, 2022, 58 (2): 1205 - 1222.

［268］Kamien M I, Schwartz N L. Self - Financing of an R&D Project ［J］. American Economic Review, 1978, 68 (3): 252 - 261.

［269］Kao Wei - Chuan. Innovation Quality of Firms with the Research and Development Tax Credit ［J］. Review of Quantitative Finance and Accounting, 2018, 51 (1): 43 - 78.

［270］Kasahara H, Shimotsu K, Suzuki M. Does an R&D Tax Credit Affect R&D Expenditure? The Japanese R&D Tax Credit Reform in 2003 ［J］. Journal of the Japanese & International Economies, 2014, 31: 72 - 97.

［271］Kleer R. Government R&D Subsidies as a Signal for Private Investors ［J］. Research Policy, 2010, 39 (10): 1361 - 1374.

［272］Knickrehm M, B. Berthon, P Daugherty. Digital Disruption: The Growth Multiplier ［R］. Accenture Strategy Report, 2016.

［273］Kobayashi Y. Effect of R&D Tax Credits for SMEs in Japan: A Microeconometric Analysis Focused on Liquidity Constraints ［J］. Small Business Economics, 2014, 42 (2): 311 - 327.

［274］Kukuk M, Stadler M. Market Structure and Innovation Races, An Empirical Assessment Using Indirect Inference ［J］. Jahrbücher für Nationalkonomie und Statistik, 2005, 225 (4): 427 - 440.

［275］Lach S. Do R&D Subsides Stimulate or Displace Private R&D? Evidence From Israel ［J］. Journal of Industrial Economics, 2002, 50 (4): 369 - 390.

［276］Laudien SM, Pesch R. Understanding the Influence of Digitalization on Service firm Business Model Design: a Qualitative - empirical Analysis ［J］. Review of Managerial Science, 2019, 13 (3): 575 - 587.

［277］Lee B, Kamal S. Intellectual Property Rights, Foreign Direct Investment and Industrial Development ［J］. Economic Journal, 2011, 121 (555): 1161 - 1191.

［278］Lee C Y. The Differential Effects of Public R&D Support on Firm R&D:

Theory and Evidence from Multi-Country Data [J]. Technovation, 2011, 31 (5/6): 256-269.

[279] Lee P M, O'Neill H M. Ownership Structures and R&D Investments of U. S. and Japanese Firms: Agency and Stewardship Perspectives [J]. Academy of Management Journal, 2003, 46 (2): 212-225.

[280] Levin R C, Cohen W M, Mowery D C. R&D Appropriability, Opportunity, and Market Structure: New Evidence on Some Schumpeterian Hypotheses [J]. American Economic Review, 1985, 75 (2): 20-24.

[281] Lin C, Lin P, Song F M, et al. Managerial Incentives, CEO Characteristics and Corporate Innovation in China's Private Sector [J]. Journal of Comparative Economics, 2011, 39 (2): 176-190.

[282] Liu F C, Simon D F, Sun Y, et al. China's Innovation Policies: Evolution, Institutional Structure and Trajectory [J]. Research Policy, 2011, 40 (7): 917-931.

[283] Mansfield E. The R&D Tax Credit and Other Technology Policy Issues [J]. American Economic Review, 1986, 76 (2): 190-194.

[284] Marron D. Greener Public Purchasing as an Environmental Policy Instrument [J]. OECD Journal on Budgeting, 2003, 3 (4): 71-105.

[285] Moulton B. GDP and the Digital Economy: Keeping up with the Changes [R/OL]. 1999 [2017-07-26]. http://bea.gov/papers/pdf/03.moulton.pdf.

[286] Mulier K, Samarin I. Sector Heterogeneity and Dynamic Effects of Innovation Subsidies: Evidence from Horizon 2020 [J]. Research Policy, 2021, 50 (10): 107-132.

[287] Myer, Marquis. Successful Industrial Innovations: A Study of Factor Sunderlying Innovation in Selected Firms [M]. Washington: Nationgal Science Fundationg, 1969.

[288] Nelson R. The Simple Economics of Basic Scientific Research [J]. Journal of Political Economy, 1959, 67 (3): 297-306.

[289] Obwegeser N, Müller S D. Innovation and Public Procurement: Terminology, Concepts, and Applications [J]. Technovation, 2018, 74 (11): 1-17.

[290] OECD. Measuring the Digital Economy: A New Perspective [R]. OECD Publishing, http://dx.doi.org/10.1787/9789264221796-en, 2014.

[291] Oh Jun-Byoung, JANG WONCHANG. Government Subsidy, R&D Investment, and Crowding Out Effects [J]. The Korean Journal of Industrial Organization, 2008, 16 (4): 1-33.

[292] Castelnovo P, Martina Dal M. The learning Mechanisms through Public Procurement for Innovation: The Case of Government-funded Basic Research Organizations [J]. Annals of Public and Cooperative Economics, 2021, 92 (3): 411-446.

[293] Pavitt K. Sectoral Patterns of Technical Change: Towards a Taxonomy and a Theory [J]. Research Policy, 1984, 13 (6): 343-373.

[294] Pavitt K. The Objectives of Technology Policy [J]. Science and Public Policy, 1987 (4): 182-188.

[295] Piatkowski M, B Van Ark. ICT and Productivity Growth in Transition Economies: Two-Phase Convergence and Structural Reforms [J]. TIGE R Working Paper Series, 2005 (1): 1-32.

[296] Porter M E, Wayland R. Capital Disadvantage: America Failing Capital Investment System [J]. Harvard Business Review, 1992, 70 (5): 65-82.

[297] Ps Heo, Dh Lee. Evolution of the linkage structure of ICT industry and its role in the economic system: the case of Korea [J]. Information Technology for Development, 2019, 25 (3): 424-454.

[298] Radicic D. Effectiveness of Public Procurement of Innovation Versus Supply-side Innovation Measures in Manufacturing and Service Sectors [J]. Science and Public Policy, 2019, 46 (5): 732-746.

[299] Raiteri E A. Time to Nourish? Evaluating the Impact of Public Procurement on Technological Generality Through Patent Data [J]. Research Policy, 2018, 47 (5): 936-952.

[300] Rajagopalan N. Strategic Orientations, Incentive Plan Adoption, and Firm Performance: Evidence from Electric Utility Firms [J]. Strategic Management Journal, 1997, 18 (10): 761-785.

[301] Romer P M. Endogenous technological change [J]. Journal of political economy, 1990, 98 (5): 71-102.

[302] Rosenberg N. Science, Invention and Economic Growth [J]. Economic Journal, 1974, 84 (333): 90-108.

[303] Rothwell R. Towards the Fifth-generation Innovation Process [J]. International Marketing Review, 1994, 11 (1): 7-31.

[304] Rothwell R. Technology-Based Small Firms and Regional Innovation Potential: The Role of Public Procurement [J]. Journal of Public Policy, 1984, 4 (4): 307-332.

[305] Sakakibara M, Branstetter L. Do Stronger Patents Induce More Innovation? Evidence From the 1988 Japanese Patent Law Reforms [J]. Rand Journal of Economics, 2001, 32 (1): 77-100.

[306] Santos A. Do Selected Firms Show Higher Performance? The Case of Portugal's Innovation Subsidy [J]. Structural Change and Economic Dynamics, 2019, 50: 39-50.

[307] Scherer F M. Firm Size, Market Structure, Opportunity, and the Output of Patented Inventions [J]. American Economic Review, 1965, 55 (5): 1097-1125.

[308] Schumpeter J A. Theory of Economic Development [M]. Routledge, 1912.

[309] Schumpeter J A. Business Cycles: A Theoretical, Historical, and Statistical Analysis of the Capitalist Process [M]. New York: McGraw-Hill, 1939.

[310] Schumpeter J A. Socialism, Capitalism and Democracy [M]. Harper and Brothers, 1942.

[311] Slavtchev V, Wiederhold S. Does the Technological Content of Government Demand Matter for Private R&D? Evidence from U. S. States [J]. American Economic Journal: Macroeconomics, 2016, 8 (2): 45-84.

[312] Stats NZ. Valuing New Zeland's Digital Economy [R]. http://www.oecd.org/officialdocuments/publicdisplaydocumentpdf/cote=STD/CSSP/WP-NA (2017) 3&docLanguage=En, 2017.

[313] Sterlacchini A, Venturini F. R&D Tax Incentives in EU Countries: Does the Impact Vary with Firm Size? [J]. Small Business Economics, 2019, 53 (3): 687-708.

[314] Sung B. Do Government Subsidies Promote Firm-level Innovation? Evidence from the Korean Renewable Energy Technology Industry [J]. Energy Policy, 2019, 132: 1333-1344.

[315] Szczygielski K, Grabowski W, Pamukcu M T, et al. Does Government Support for Private Innovation Matter? Firm-Level Evidence from Two Catching-up Countries [J]. Research Policy, 2017, 46 (1): 219-237.

[316] Szücs F. Do Research Subsidies Crowd Out Private R&D of Large Firms? Evidence from European Framework Programmes [J]. Research Policy, 2020, 49 (3): 103-115.

[317] Tapscott D. The Digital Economy: Promise and Peril in the Age of Networked Intelligence [M]. New York: Mc Graw Hill, 1996: 13-42.

[318] Tether B S. Who Co-operates for Innovation, and Why: An Empirical Analysis [J]. Research Policy, 2002, 31 (6): 947-967.

[319] Tian X, Wang T Y. Tolerance for Failure and Corporate Innovation [J]. Review offiscal Studies, 2014, 27 (1): 211-255.

[320] Tranos E, Reggiani A, Nijkamp P. Accessibility of Cities in the Digital Economy [J]. Cities, 2013, 30 (2): 59-67.

[321] Tranos E, Kitsos T, Ortega Argiles R. Digital Economy in the UK: Regional Productivity Effects of Early Adoption [J]. Regional Studies, 2020 (11): 1-15.

[322] Uyarra E, Flanagan K. Understanding the Innovation Impacts of Public Procurement [J]. European Planning Studies, 2010, 18 (1): 123-143.

[323] Varaku K, Sickles R. Public Subsidies and Innovation: a Doubly Robust Machine Learning Approach Leveraging Deep Neural Networks [J]. Empirical Economics, 2023, 64 (6): 3121-3165.

[324] van Calster G. Green procurement and the WTO – shades of grey [J]. Review of European Community & International Environmental Law, 2002, 18

(1): 298-305.

[325] Wallsten S J. The Effects of Government-Industry R&D Programs on Private R&D: The Case of the Small Business Innovation Research Program [J]. RAND Journal of Economics, 2000, 31 (1): 82-100.

[326] Yaghi AZA, Tomaszewski T. Measuring the Impact of R&D&I Subsidies on Innovative Inputs and Outputs in Polish Manufacturing Firms [J]. Journal of The Knowledge Economy, 2023, 16 (2): 46-68.

[327] Zúñiga-Vicente J Á, Alonso-Borrego C, Forcadell F J, et al. Assessing the Effect of Public Subsidies on Firm R&D Investment: A Survey [J]. Journal of Economic Surveys, 2014, 28 (1): 36-67.